AF346675

CATALOGUE

DES

CARTES, PLANS ET VUES DE COTES

QUI COMPOSENT

L'HYDROGRAPHIE FRANÇAISE.

SEPTEMBRE 1837.

CATALOGUE

DES

CARTES, PLANS

ET VUES DE COTES

QUI COMPOSENT

L'HYDROGRAPHIE FRANÇAISE.

SEPTEMBRE 1837.

Paris.

IMPRIMERIE DE DEZAUCHE,
FAUBOURG MONTMARTRE, N° 11.

1837.

AVIS.

Le catalogue publié au mois de janvier 1832 étant épuisé, il devenait nécessaire d'en donner un autre. On a cru devoir, dans celui-ci, classer les cartes d'après l'ordre géographique, afin de faciliter les recherches. Dès lors, les numéros du catalogue de 1832 ne se trouveront plus se suivre exactement, toutes les nouvelles publications étant venues s'intercaler, et plusieurs anciennes cartes ayant été supprimées ; cependant, on continuera à donner des numéros d'ordre à chaque carte à l'époque de sa publication. Un supplément publié de temps en temps indiquera dans quelle division chacune des nouvelles cartes devra prendre place.

Quoique les cartes des différents voyages se trouvent placées dans les divisions auxquelles elles correspondent, on a cru devoir cependant les donner toutes à la fin dans l'ordre dans lequel elles se trouvent dans les atlas.

L'entrepôt des ouvrages du Dépôt général de la marine est chez M. Dezauche, rue du Faubourg-Montmartre, nᵒ 11.

TABLE DES MATIÈRES.

CARTES ET PLANS.

OCÉAN ATLANTIQUE.

	Pages
Islande et îles Féroë.	1
Côtes de Norwège.	2
Skagerak, Cattégat et mer Baltique.	id.
Côtes d'Allemagne et des Pays-Bas.	4
Iles Britanniques.	5
France. — { Côtes septentrionales.	8
{ Côtes occidentales.	11
Côtes d'Espagne sur l'Océan, et côtes de Portugal.	16

MÉDITERRANÉE.

Côtes d'Espagne.	18
Côtes de France.	20
Ile de Corse.	id.
Italie, Sicile et golfe de Venise.	22
Méditerranée, partie orientale.	23
Côtes septentrionales d'Afrique, partie occidentale.	24

AFRIQUE.

Côtes occidentales.	25

AMÉRIQUE.

Côtes de l'Amérique septentrionale sur l'Océan atlantique.	26
Golfe du Mexique et mer des Antilles.	30
Côtes de la Guyane.	33
Côtes du Brésil, du Paraguay et de la Patagonie.	34
Iles Açores, iles du cap Vert et petites iles éparses dans l'Océan atlantique.	36

GRAND OCÉAN.

Côtes occidentales d'Amérique. 37
Grand Océan septentrional, îles éparses. . . . . • . . . 41
Grand Océan méridional, îles éparses. 43
Côtes orientales d'Asie. 48
Grand Archipel d'Asie.. 51
Nouvelle-Hollande et terre de Van Diemen.. 53

MER DES INDES.

Iles éparses. 58
Côtes des Indes, de la Perse, de l'Arabie et mer Rouge.. . . . . . *id.*
Neptune oriental de Daprès de Mannevillette. 59

VUES PRISES SUR LES PRINCIPAUX DANGERS DES COTES DE FRANCE.

COTES OCCIDENTALES.

Environs de Brest, depuis Porsal jusqu'à Penmarc'h. 65
Environs de Lorient, depuis Penmarc'h jusqu'à la Loire. — Entrée
de la Loire. — Environs de la Rochelle et de Rochefort. . . . 68

COTES SEPTENTRIONALES.

Environs de Saint-Mâlo et de Cherbourg, depuis le phare des
Héaux de Bréhat jusqu'au phare de Barfleur. 73

TABLEAUX DES OBSERVATIONS DE MARÉES FAITES SUR DIVERS POINTS DES COTES DE FRANCE.

Côtes occidentales. 77
Côtes septentrionales. 78

MÉMOIRES ET INSTRUCTIONS NAUTIQUES.

Ouvrages généraux. 80
Europe. . . . . *id.*
Amérique. 82
Afrique. 83
Mer des Indes. . . . . *id.*
Grand Océan. 84

ATLAS DES VOYAGES.

Lapérouse. 87
Vancouver. 89
Dentrecasteaux. 90
Baudin. 92
L'Uranie. 94
La Coquille. 96
L'Astrolabe. 98
La Favorite. 100
La Thétis et l'Espérance. 101

FIN DE LA TABLE.

CATALOGUE

DES

CARTES, PLANS ET VUES DE COTES

QUI COMPOSENT

L'HYDROGRAPHIE FRANÇAISE.

———

JANVIER 1837.

Numéros.

Carte hydrographique des parties connues de la terre (1835).   818

OCÉAN ATLANTIQUE.

Carte de l'Océan Atlantique septentrional, depuis l'équateur jusqu'au 52ᵉ degré de latitude (1834).   800

Carte de l'Océan Atlantique méridional, depuis l'équateur jusqu'au 59ᵉ degré de latitude (1834).   801

Carte des mers du Nord, comprises entre les 48ᵉ et 72ᵉ degrés de latitude septentrionale, publiée en 1776, par MM. Verdun de la Crenne, Borda et Pingré.   2

Carte de la mer du Nord, comprenant les côtes occidentales des iles Britanniques et les côtes opposées du continent, depuis le Pas de-Calais jusqu'à Bergen et aux iles Shetland. Deux feuilles (1807).   3 et 4

ISLANDE ET ILES FÉROË.

Carte réduite de l'Islande et des iles Féroë (1836).   837

Carte des côtes occidentales d'Islande, depuis Fugle Skiœrene jusqu'à Huam Fiord (1822).   5

Carte des côtes occidentales d'Islande, depuis Sneefields jusqu'au cap Nord (1822).   6

Numéros.

Carte des côtes septentrionales d'Islande, depuis le cap Nord jusqu'à l'île Malmey (1822).   7

Carte des côtes septentrionales d'Islande, depuis l'île Malmey jusqu'au cap Langanæs (1823).   8

Carte des côtes orientales d'Islande, depuis Vapnafiord jusqu'au cap Ingolfs-hofde (1832).   9

Carte des côtes méridionales d'Islande, depuis le cap Ingolfs-hofde jusqu'aux Fugle Skiærene (1832).   10

Plan des îles Féroë (1820).   11

COTES DE NORWÈGE.

Carte de la côte de Norwège, depuis 64°-12′ jusqu'à 63°-4′ de latitude nord et comprenant le Chenal de Trondhiem (1812).   12

Carte de la côte de Norwège, depuis Grib-Oerne et Christiansund jusqu'à Statland, entre 63°-20′ et 82°-10′ de latitude nord (1812).   13

Carte de la côte de Norwège, depuis Statland jusqu'à Alvoë, et de 62°-13′ à 60°-35′ de latitude nord (1812).   14

Carte de la côte de Norwège, depuis Alvoë jusqu'à Egefield, et de 60°-35′ à 58°-52′ de latitude nord (1812).   15

Carte de la côte de Norwège, depuis Egefield jusqu'à Christiansand, entre 58° et 59° de latitude nord, et 3° et 6° de longitude est (1812).   16

Carte de la côte de Norwège, à l'est de Flekeroë et Christiansand, avec partie de la côte de Suède jusqu'à Soelo Baak (1812).   17

SKAGERAK, CATTEGAT ET MER BALTIQUE.

Carte du Skagerak, comprenant la côte de Norwège, de Linders-Næs à Færder, et la côte de Suède de Frédérichshall à Gotheborg (1813).   18

Numéros.

Carte du Cattegat, comprenant la côte de Suède, depuis Marstrand jusqu'à Landscrone, la côte du Jutland, depuis le cap Skagen jusqu'à l'entrée des Belts et la côte septentrionale de l'île de Séelande (1813). — 19

Plan des sondes sur le banc Lille Middelgrund dans le Kattegat. — Plan de la rade entre la côte et l'ile de Hallands Wæderoë. — Plan des îlots et écueils des Pater Noster, avec le port de Marstrand. — Plan du golfe de Gottembourg. — Plan de la côte depuis Baate-Fiord jusqu'aux ilots Hosholmer, contenant le port de Kongsbacka (1826). — 20

Carte de la mer Baltique. Première feuille, contenant les entrées de cette mer et les côtes des iles danoises, les côtes méridionales de Suède, du cap Kullen à Christianopel et les côtes d'Allemagne, depuis Travemunde jusqu'à Colberg (1815). — 21

Carte du Sund, contenant les côtes de l'île Séelande, de Gilleley à Stevens Klint et les côtes de la Skanie, du cap Kullen à Falsterbo. *Plan de la rade et des passes de Copenhague* (1815). — 22

Carte du grand Belt, contenant les côtes orientales de l'ile de Fïonie, les côtes occidentales de l'ile de Séelande avec les iles de Laaland, Langeland, Falster, et partie de Femeren (1815). — 23

Plan de la baie de Lubeck. *Plan de l'entrée de la Trave* (1815). — 24

Carte de la mer Baltique. Deuxième feuille, contenant partie de l'ile d'Oland et de la côte sud-est de la Suède, les côtes de Poméranie, de Prusse et de Courlande, depuis Colberg jusqu'à Libau. *Plan de l'île Christians-Oe, au nord et près de Bornholm* (1815). — 25

Plan de la rade de Dantzik (1815). — 26

Carte de la mer Baltique. Troisième feuille, contenant partie de la côte de Suède, de l'ile d'Oland à Stockholm, les iles de Gothland, d'Oesel et de Dago, et les côtes du golfe de Riga (1815). — 27

Numéros.

Carte de la mer Baltique. Quatrième feuille, contenant les entrées de Stockholm et celles des golfes de Finlande et de Bothnie. Demi-feuille (1815).   28

Carte de la mer Baltique. Cinquième feuille, contenant le golfe de Bothnie. *Plan de la passe de Uto.* — *Plan des passes de Gefle.* — *Plan de la passe de Sandhamn* (1815).   29

Carte de la mer Baltique. Sixième feuille, contenant le golfe de Finlande.—*Plan de Rogervick.*—*Plan des passes de la rade de Hango.*—*Plan de la rade de Revel.*—*Plan de la rade de Lovisa.* — *Plan des passes de Friedrichshamn.* — *Plan des passes de Wiborg* (1815).   30

COTES D'ALLEMAGNE ET DES PAYS-BAS.

Plan de l'embouchure de l'Elbe (1816).   31

Plan de la Jahde et de l'embouchure du Weser (1821).   32

Plan de l'embouchure de l'Ems (1821).   33

Carte des passes du Texel et de la rade du Helder. — *Plan du Drempel* (1819).   34

Carte des côtes des Pays-Bas, depuis Ostende jusqu'à Hellevoetsluis. Deux feuilles (1817).   35 et 36

Reconnaissance du cours du Hont ou Wester-Schelde (Escaut occidental), depuis Anvers jusqu'à l'embouchure. Trois feuilles (1800).   37, 38 et 39

Plan de la petite rade d'Ostende (1816).   40

ILES BRITANNIQUES.

Carte des iles Shetland. *Plan de Valey-Sound* (1804).   41

Carte des iles Orcades et de la côte nord d'Écosse, depuis le cap Wrath jusqu'au cap Duncansby. *Plan de Holm-Sound et Water-Sound* (1803).   42

Numéros.

Carte de la côte orientale d'Écosse, depuis Saint-Abb's-Head jusqu'à Duncansby-Head. *Port de Cromarty. — Port de Montrose. — Port Aberdeen* (1803).　43

Carte de la côte orientale d'Angleterre, depuis le cap Gibraltar jusqu'au golfe d'Édinburg. *Berwich. — Sunderland. — Iles Holy et Fairn. — Hartlepool. — Cours de la Tyne depuis Newcastle jusqu'à la mer* (1803).　44

Côte orientale d'Angleterre, depuis Lowestoff jusques et y compris l'embouchure de l'Humber (1797).　45

Plan de Hollesley bay, par Græme Spence et G. Thomas (1831).　46

Carte des entrées de la Tamise, par Mackensie, Græme Spence et Thomas. *Côte de Suffolk, depuis Lowestoff jusqu'à Orford. — Rade des Dunes* (1832).　47

Carte de la rade des Dunes, levée en 1795 par Græme Spence, avec les passes de la Tamise nommées South Channel et Queen's Channel, levées par G. Thomas en 1819 (1831).　48

Carte de la côte méridionale d'Angleterre, depuis Douvres jusqu'à Winchelsea (1822).　49

Carte de la côte méridionale d'Angleterre, depuis Winchelsea jusqu'à Beachy-Head (1823).　50

Carte de la côte méridionale d'Angleterre, depuis Beachy-Head jusqu'à Worthing (1823).　51

Carte de la côte méridionale d'Angleterre, depuis New-Shoreham jusqu'à Selsea-Bill (1823).　52

Carte de Selsea-Bill, des Owers et des ports de Chichester et Emsworth (1823).　53

Carte des rades de Sainte-Hélène et Spithead, faisant suite à celle de Selsea-Bill (1823).　54

Plan des rades de Sainte-Hélène et Spithead, et des ports de Portsmouth et Langstone (1824).　55

Numéros.

Plan d'une partie de l'ile de Wight et de la côte de Hampshire, depuis la pointe de Gillkicker jusqu'au château de Calshot (1823). — 56

Plan de là rivière de Southampton, des bancs de l'entrée et de la rade de Cowes (1823). — 57

Carte de l'ile de Wight et de la côte adjacente de Hampshire, contenant une description particulière des rades de Sainte-Hélène, Spithead, etc. *Vues prises sur des positions de bouées et de dangers* (1803). — 58

Plan de la partie occidentale du canal qui sépare l'ile de Wight de la côte de Hampshire (1824). — 59

Plan de la côte sud de l'ile de Wight, depuis Sainte-Hélèn's Road jusqu'à Needles-Point (1824). — 60

Plan de la côte méridionale d'Angleterre, depuis la pointe Blackwood de l'ile de Wight jusqu'à Saint-Alban-Head (1824). — 61

Plan de la côte méridionale d'Angleterre, depuis Saint-Alban-Head jusqu'à Abbotsbury (1824). — 62

Plan de la côte méridionale d'Angleterre, depuis Abbostbury jusqu'à Sidmouth. — *Plan de Lyme Cobb.* — *Port de Bridport* (1824). — 63

Carte de la côte méridionale d'Angleterre depuis Sidmouth jusqu'à Plymouth (1833). — 795

Plan de Tor-Bay, Babacon-Bay et de l'entrée de Darmouth (1797). — 64

Plan de Tor-Bay (levé en 1781). Demi-feuille. — 65

Carte de la côte méridionale d'Angleterre, depuis Plymouth jusqu'au cap Lizard (1824). — 66

Plan de la rade et du port de Plymouth (1825). — 67

Plan du port de Fowey (1824). — 68

Plan du port de Falmouth, de la rivière d'Helford et de la côte jusqu'à Manacle Rock (1825). — 69

Numéros

Carte de l'extrémité occidentale d'Angleterre et des Sorlingues (1825).   70

Plan des îles Sorlingues (1825).   71

Carte de la côte occidentale d'Angleterre, depuis le cap Saint-Agnès jusqu'à la pointe de Hartland (1825).   72

Carte de l'entrée de la mer d'Irlande et du canal de Bristol (1797).   73

Carte du canal de Bristol, ou embouchure de la Severne. *Rades de Tenby et Caldey* (1797).   74

Carte de la mer d'Irlande, appelée communément canal Saint-Georges (1797).   75

Plan de la rade de Holy-Head (1830).   76

Plan de Liverpool (1831).   77

Carte des côtes occidentales d'Irlande. *Rivière de Shannon.— Hâvre de Cork. — Hâvre de Waterford. — Hâvre de Kinsale* (1803).   78

Carte de la côte sud-ouest d'Irlande, depuis les îles Saltées jusqu'à l'embouchure du Shannon. Deux feuilles (1803).   79 et 80

Carte particulière de la côte ouest d'Irlande, depuis Sligo jusqu'à l'embouchure du Shannon (1803).   81

Carte de la côte nord d'Irlande, depuis Belfast jusqu'à Sligo (1803).   82

Carte de la côte occidentale d'Écosse, depuis la pointe d'Ardnamurchan jusqu'au Mull de Galloway (1803).   83

Carte de la côte occidentale d'Écosse, depuis le cap Wrath jusqu'à la pointe d'Ardnamurchan et des îles Western adjacentes (1803).   84

FRANCE.

COTES SEPTENTRIONALES.

	Numéros.
Carte de la Manche (1798).	85
* Reconnaissance hydrographique de la côte nord de France (an XI).	89
Reconnaissance hydrographique de la côte nord de France, rade de Dunkerque et ses environs. Deux feuilles (1802).	90 et 91
Côtes de France, depuis la pointe d'Oye jusqu'à Ambleteuse. Demi-feuille (1797).	92
Côtes de France, depuis Calais jusqu'à l'entrée de la Somme (1792).	93
Côtes de France, depuis l'entrée de la Somme jusqu'à Fécamp (1797).	94
Côtes de France, depuis Fécamp jusqu'à Dives (1792).	95
** Côtes de France, depuis le Hâvre-de-Grâce jusqu'à Isigny (1792).	96
Carte particulière des côtes de France, partie comprise entre la pointe de Barfleur et Grand-Champ, rade de la Hougue, îles de Saint-Marcouf, bancs du grand Vay (1836).	847
Plan de la rade de la Hougue (1836).	849
Plan du port de Barfleur et de ses environs (1836).	848

---

* Cette Carte est accompagnée d'un mémoire de M. Beautemps-Beaupré, ayant pour titre, *Description nautique de la mer du nord, depuis Calais jusqu'à Ostende.*

** Les Cartes nos 92, 93, 94, 95, 96 sont accompagnées d'un mémoire de M. Lacouldre de a Bretonnière, ayant pour titre, *Mémoire pour servir d'instruction à la navigation des côtes, depuis Calais jusqu'à la baie de Cancale.*

Numéros.

Carte générale des côtes de France, partie comprise entre l'île de Bréhat et Barfleur.

Carte des côtes de France, partie comprise entre le hâvre Carteret et Barfleur.

Carte particulière des côtes de France, partie comprise entre le fort de Querqueville et le fort de la Hougue, rade de Cherbourg, cap Lévi, pointe et raz de Barfleur, port de Barfleur (1836).   846

Carte particulière des côtes de France, anse de Vauville, cap de la Hague, rade de Cherbourg, cap Lévi (1836).   845

Carte des côtes de France, partie comprise entre le cap Fréhel et le hâvre Carteret.

Carte particulière des côtes de France, partie comprise entre les ports de Diélette et d'Omonville, raz Blanchart, ile d'Aurigny, les Casquets (1836).   828

Carte particulière des côtes de France, passage de la Déroute depuis Portbail jusqu'à Diélette, comprenant le plateau des Ecréhou (1836).   827

Carte particulière des côtes de France, passage de la Déroute depuis le rocher Senequet jusqu'aux roches de Portbail, chaussée des Bœufs, roches orientales de Jersey, plateau des Ecréhou (1836).   826

Carte particulière des côtes de France, partie comprise entre Bricqueville et Geffosse, passage de la Déroute entre les roches septentrionales de Chausey et les Bœufs, roches orientales des Minquiers, roches sud-est de Jersey (1836).   825

Carte particulière des côtes de France, partie occidentale des îles Chausey et plateau des Minquiers (1834).   823

Carte particulière des côtes de France, baie du Mont-Saint-Michel, rade de Cancale, environs de Granville, îles Chausey (1836).   824

Numéros.

Plan des îles Chausey (1836).   829

Plan du Sound de Chausey. Demi-feuille (1836).   830

Plan du port de Granville et de ses environs. Demi-feuille (1836).   836

Plan de la rade de Cancale et de ses environs (1834).   822

Carte particulière des côtes de France, partie comprise entre le cap Fréhel et Cancale, baie de la Frénay, anse de Saint-Cast, mouillage des Ehbiens, entrées de Saint-Mâlo, cours de la Rance jusqu'à l'anse de Montmarin (1836).   844

Plan du port de Saint-Mâlo et de ses environs (1836).   839

Plan du mouillage des Ehbiens et du port de Saint-Briac. Demi-feuille (1836).   835

Carte des côtes de France, partie comprise entre l'île Bréhat et le cap Fréhel.

Carte particulière des côtes de France, partie comprise entre Portrieux et le cap Fréhel, baie de Saint-Brieuc (1836).   833

Plan de la rade de Portrieux et des roches de St-Quay (1836).   834

Carte particulière des côtes de France, île Bréhat et roches environnantes ; rivière de Pontrieux, partie de la baie de Saint-Brieuc (1836).   832

Carte particulière des côtes de France ; île Bréhat et roches environnantes ; rivière de Pontrieux, anse de Paimpol, plateau des roches Douvres ; plateau de Barnouic (1836).   831

Plan de l'île Bréhat et des entrées de la rivière de Pontrieux.

Carte générale des côtes de Bretagne (....).   99

Carte des côtes de Bretagne, depuis le cap Fréhel jusqu'à Perros (....).   101

Carte des côtes de Bretagne, qui comprend Morlaix, Saint-Paul-de-Léon, les Sept-Iles et l'île de Bas (....).   102

— II —

Numéros.

Carte des côtes de Bretagne, depuis l'anse de Goulven jusqu'à
l'île d'Ouessant (....).   103

COTES OCCIDENTALES DE FRANCE.

Carte générale des sondes d'attérages des côtes occidentales de
France, et des côtes septentrionales d'Espagne (1832).   86

Cartes des sondes de l'entrée de la Manche et des attérages des
côtes occidentales de France, depuis l'île d'Ouessant jusqu'à l'île d'Yeu (1831).   87

*Carte des sondes d'attérages des côtes occidentales de France,
depuis l'île d'Yeu jusqu'à l'embouchure de la Bidassoa et
des côtes septentrionales d'Espagne (1831).   88

Carte des côtes de France, environs de Brest (1823).   104

Carte particulière des côtes de France, partie septentrionale du
chenal du Four et environs de l'île d'Ouessant (1822).   105

Carte particulière des côtes de France, entrée de la rade de Brest
et partie méridionale du chenal du Four (1822).   106

Plan des environs d'Argenton. Quart de feuille (1822).   107

Plan de Labérildut. Quart de feuille (1822).   108

Plan de la chaussée des Pierres noires (1822).   109

Plan du port du Conquet. Quart de feuille (1822).   110

Plan du port de Camaret. Quart de feuille (1822).   111

Plan du goulet de Brest. Demi-feuille (1822).   112

Carte particulière des côtes de France, rade de Brest et baie de
Douarnenez (1823).   113

* Les Cartes nᵒˢ 86, 87 et 88 sont accompagnées d'un mémoire de M. le Saulnier de Vau-
hello, capitaine de corvette.

Numéros.

Plan des passages de Toulinguet, du petit Léac'h et du Corbeau. Quart de feuille (1823). — 114

Plan des environs du cap de la Chèvre. Quart de feuille (1822). — 115

Plan des environs de Douarnenez. Quart de feuille (1822). — 116

Carte particulière de la chaussée de Sein, et du passage du raz de Sein (1819). — 117

Plan du Tevennec (raz de Sein). Quart de feuille (1822). — 118

Plan du port de l'île de Sein. Quart de feuille (1822). — 119

Carte particulière des côtes de France, baie d'Audierne (1821). — 120

Plan du port d'Audierne. Quart de feuille (1822). — 121

Plan de l'anse de la Torche, baie d'Audierne. Quart de feuille (1822). — 122

Plan des roches de Penmarc'h (1821). — 123

Carte des côtes de France, partie comprise entre le raz de Sein et Lorient (1824). — 124

Carte particulière des côtes de France, îles de Glénan, baie de la Forest, anse de Bénodet et partie des roches de Penmarc'h (1824). — 125

Plan de l'entrée de l'Odet. Demi-feuille (1824). — 126

Plan du port de Loctudy, entrée de la rivière de Pont Labbé. Quart de feuille (1824). — 127

Plan de Concarneau. Demi-feuille (1824). — 128

Carte particulière des côtes de France, entrée du port de Lorient, île de Groix, anse du Pouldu, entrée de l'Aven et Basse Jaune (1824). — 129

Plan des passes et rades de Lorient et de Port-Louis (1824). — 130

Numéros.

Carte des côtes de France, partie comprise entre Lorient et Saint-Nazaire (1829).   131

Carte particulière des côtes de France, entrée du port de Lorient, presqu'île de Quiberon et partie septentrionale de Belle-Ile (1825).   132

Carte particulière des côtes de France, baie de Quiberon et Morbihan (1827).   133

Plan des entrées du Morbihan et de la rivière de Crac'h (1825).   134

Carte particulière des côtes de France, Belle-Ile, presqu'île de Quiberon, iles Houat et Haedik, pointe du Grand-Mont (1827).   135

Carte particulière des côtes de France, partie comprise entre la pointe du Grand-Mont et la pointe du Croisic (1828).   136

Plan de la rade et du port de Pénerf (1828).   137

Plan de l'entrée de la Vilaine (1828).   138

Plan de la rade et du port du Croisic (1827).   139

Carte des côtes de France, embouchure de la Loire (1828).   140

Carte particulière des côtes de France, embouchure de la Loire. Deux feuilles (1828).   141 et 142

Carte particulière des côtes de France, cours de la Loire depuis Nantes jusqu'à son embouchure (1828).   143

Plan des rades de Saint-Nazaire et de Mindin (1828).   144

Carte particulière des côtes de France, baie de Bourgneuf et goulet de Fromantine (1822).   145

Plan du goulet de Fromantine. Demi-feuille (1828).   146

Carte particulière des côtes de France, île d'Yeu, pont d'Yeu et goulet de Fromantine (1828).   147

Plan du port Breton (île d'Yeu). Quart de feuille (1828).   148

Numéros.

Plan de la rade et du port de Saint-Gilles sur Vie. Quart de feuille (1828). — 149

Carte des côtes de France, partie comprise entre l'ile d'Yeu et la pointe des Baleines (1832). — 150

Carte particulière des côtes de France, partie orientale de l'ile d'Yeu, pont d'Yeu et environs de Saint-Gilles sur Vie (1829). — 151

Plan du port et de la rade des Sables d'Olonne (1828). — 152

Carte particulière des côtes de France, environs des Sables d'Olonne et entrée du pertuis Breton (1830). — 153

Carte des côtes de France, pertuis Breton, pertuis d'Antioche et pertuis de Maumusson (1832). — 154

Carte particulière des côtes de France, partie occidentale de l'ile de Ré, entrée du pertuis Breton, entrée du pertuis d'Antioche (1831). — 155

Carte particulière des côtes de France, intérieur du pertuis Breton (1831). — 156

Plan de la rade de Saint-Martin et de ses environs, pertuis Breton (1831). — 157

Plan du mouillage de l'Aiguillon, pertuis Breton. Demi-feuille. (1831). — 158

Carte particulière des côtes de France, entrée du pertuis d'Antioche (1832). — 159

Carte particulière des côtes de France, intérieur du pertuis d'Antioche, rade de la Rochelle, rade de l'ile d'Aix, rade des Basques, rade des Trousses (1832). — 160

Plan de la rade de la Rochelle et de ses environs (1831). — 161

Plan de l'embouchure de la Charente et des rades de l'ile d'Aix et des Trousses (1831). — 162

Plan du cours de la Charente depuis Rochefort jusqu'à l'ile Madame (1831). — 163

Numéros.

Carte particulière des côtes de France, pertuis de Maumusson (1832).   164

Carte des côtes de France, embouchure de la Gironde et ses environs (1831).   165

Carte particulière des côtes de France, embouchure de la Gironde (1830).   166

Carte des côtes de France, cours de la Gironde et partie de la Garonne et de la Dordogne (1831).   167

Carte particulière des côtes de France, intérieur de la Gironde. Première feuille (1831).   168

Carte particulière des côtes de France, intérieur de la Gironde. Deuxième feuille (1831).   169

Carte particulière des côtes de France, cours de la Garonne depuis Bordeaux jusqu'au bec d'Ambès, et cours de la Dordogne depuis Libourne jusqu'à la même pointe (1831).   170

Plan du cours de la Garonne depuis le pont de Bordeaux jusqu'au mouillage de Lormont (1830).   171

Carte des côtes de France, environs du bassin d'Arcachon (1830).   172

Carte particulière des côtes de France, bassin d'Arcachon (1829).   173

Carte des côtes de France, partie comprise entre Mimizan et la frontière d'Espagne (1829).   174

Carte particulière des côtes de France, environs de Bayonne, fosse du cap Breton (1829).   175

Plan du cours de l'Adour, depuis Bayonne jusqu'à son embouchure (1829).   176

Carte particulière des côtes de France, partie comprise entre Bayonne et la côte d'Espagne (1829).   177

Plan de la baie de Saint-Jean-de-Luz. Demi-feuille (1829). *Numéros.* 178

Plan de la baie de Fontarabie. Demi-feuille (1829). 179

NOTA. On réunit les Cartes et Plans portés sur ce Catalogue, depuis et compris le n° 104 jusqu'au n° 179 inclusivement, aux Vues prises sur les principaux dangers des côtes occidentales de France et aux Tableaux des marées observées sur divers points de ces mêmes côtes, pour former les trois premiers volumes du *Pilote français*, ouvrage qui est le principal résultat des travaux exécutés dans les campagnes de 1816, 1817, 1818, 1819, 1820, 1821, 1822, 1824, 1825 et 1826, par les ingénieurs hydrographes de la marine, sous les ordres de M. Beautemps-Beaupré, ingénieur hydrographe en chef.

Les méthodes qui ont été employées pour l'exécution de cet ouvrage font l'objet d'un mémoire in-4°, ayant pour titre, *Exposé des travaux relatifs à la reconnaissance hydrographique des côtes occidentales de France*; par M. Beautemps-Beaupré, ingénieur hydrographe en chef de la marine, membre de l'Académie royale des sciences de l'Institut, du Bureau des longitudes, etc., suivi d'un précis des opérations géodésiques qui ont servi de base aux cartes et plans des trois premières parties du *Pilote français*; par M. Daussy, ingénieur-hydrographe de la marine.

COTES D'ESPAGNE SUR L'OCÉAN ET COTES DE PORTUGAL.

Carte particulière de la côte septentrionale d'Espagne. Deux feuilles (1833). 734 et 735

Plan du port du Passage. Demi-feuille (1793). 181

Baie, port et ville de Saint-Sébastien. Demi-feuille (1793). 182

Anse et barre de Bilbao. Demi-feuille (1793). 183

Port de Santona. Demi-feuille (1793). 184

Port de Santander. Demi-feuille (1793). 185

Côtes d'Espagne, Asturies et partie de Galice, d'après les plans levés en 1788, par Tofiño (1793). 186

Anse de Gijon. Demi-feuille (1793). 187

Hâvre de Vivero, hâvre de Ribadeo, port de Cedeira. Demi-feuille (1793). 188

Hâvre de Barquero et Estaca de Vares. Demi-feuille (1793). 189

Numéros.

Côtes d'Espagne , partie de la Galice depuis le cap Ortégal jusqu'au cap Silleiro ; d'après les plans levés en 1787, par Tofiño (1793). — 190

Plan des hâvres de Ferrol, Betanze et la Corogne. Demi-feuille (1792). — 191

Plan de Ferrol. *Plan de la darse ou bassin de Ferrol.* Demi-feuille (1793). — 192

Port de Camarinas. Demi-feuille (1793). — 193

Anse et hâvre de Corcubion. Demi-feuille (1793). — 194

Plan du hâvre de Pontevedra et des îles de Ons et de Onza. Demi-feuille (1793). — 195

Hâvre de Vigo. Demi-feuille (1793.) — 196

Carte de la côte de Portugal. — *Roches Leichoes.* — *Barre de Porto.* — *Nouvelle barre de Aveiro.* — *Barre de Figueira.* — *Anse de San-Martinho.* — *Presqu'île de Peniche et les îles Berlingues.* — *Baie de Setuval.* — *Baie de Lagos.* — *Baie de Villa-Nova de Portimaon à la côte d'Algarve (1816).* — 197

Plan de la barre de Lisbonne et des côtes adjacentes. Demi-feuille (1816). — 198

Carte de la côte méridionale de Portugal et d'Espagne, depuis le cap Saint-Vincent jusqu'à la baie de Gibraltar (1804). — 199

Plan de la baie de Cadiz (1811). — 200

MÉDITERRANÉE.

Numéros.

Carte de la mer Méditerranée et de la mer Noire. Deux feuilles (1821 et 1828).   203 et 204

COTES D'ESPAGNE.

Carte du détroit de Gibraltar (1804).   201

Plan de la baie de Gibraltar. Demi-feuille (1804).   202

Côte méridionale d'Espagne, depuis Cadix jusqu'au cap de Palos, et côte septentrionale d'Afrique, depuis le cap Spartel jusqu'au cap de Tenez. (1793).   205

Plan du mouillage de Tarifa. — Plan de la baie d'Algésiras. — Plan du mouillage de Marbella. — Plan du mouillage de Frangerola. Demi-feuille.   206

Plan du port de Malaga. — Mouillage de la Tour Molinos. — Mouillage de Nerja. Demi-feuille.   207

Anse de la Herradura. — Anse des Berengueles. — Mouillage de Almunecar. — Anse de Belilla. Demi-feuille.   208

Plage de Salobrena. — Plan de Cala Honda. — Mouillage du château de Ferro. — Mouillage d'Adra. Demi-feuille.   209

Côte méridionale d'Espagne, depuis la Tour de Belerma jusqu'à celle de Las Sentinas. — Mouillage de Roquetas. — Mouillage d'Almeria. — Mouillage de Saint-Francisco-de-Paula ou Corraletes. Demi-feuille (1793).   210

Plan de l'anse Saint-Joseph et du port Génois. — Anse de los Escullos ou Mahomet-Arraez. — Port de San-Pedro, à l'est du cap de Gate. — Mouillage de la Carbonera. Demi-feuille.   211

Plan du port et village de Las Aguilas. — Mouillage du mont de

Cope. — Anses d'Almazarron et de la Subida. — Anse de Portus située à 5 milles à l'est de Carthagène. Demi-feuille. 212

Plan de la ville, du port et de l'arsenal de Carthagène, à la côte orientale d'Espagne. Demi-feuille (1799). 213

Plan de Por Man, à l'est de Carthagène. — Mouillage de l'île Grosa. — Anse de Torre Vieja. — Mouillage de Lugar Nuevo et de l'île Tabarca. Demi-feuille. 214

Carte de la côte orientale d'Espagne, depuis le cap Palos jusqu'au cap de Creux (1793). 215

Baie d'Alicante. — Rade de Benidorme. — Mouillage d'Altea. Demi-feuille. 216

Anse de Calpe, partie occidentale. — Anse de Calpe, partie orientale. — Rade d'Almorayra. — Mouillage de Xavia, situé entre le cap Saint-Martin et le cap Saint-Antonio. Demi-feuille. 217

Plan de la ville et du port de Denia. — Mouillage du cap Cullera. — Môle et grao de Valence. Demi-feuille. 218

Mouillage de Peniscola. — Port de Fangal. — Port des Alfaques. Demi-feuille. 219

Ville et port de Tarragone. — Ville, port et rade de Barcelone. Demi-feuille. 220

Mouillage de Salou. — Plage et mouillage de Mataro. — Port de Blanes. — Mouillage de Lloret. Demi-feuille. 221

Mouillage de Tosa. — Port de San Feliu de Quixols. — Mouillage de Palamos. — Iles Medas. Demi-feuille. 222

* Mouillage de Roses. — Port de Cadaquès. — Port de Santa-Cruz de la Selva. Demi-feuille. 223

Baie de Palme. — Port-Pi. — Port de Andrache. — Port de Soller. — Port de l'île Cabrera. — Port Petra. — Cala-Longa (île Maïorque). Demi-feuille. 224

Numéros.

* Les Plans nᵒˢ 206, 207, 208, 209, 210, 211, 212, 214, 216, 217, 218, 219, 220, 221, 222 et 123, sont des copies des Plans de l'Atlas espagnol publié en 1813.

CÔTES DE FRANCE.

Numéros.

Carte des côtes de France, sur la Méditerranée, depuis le cap de Creux jusqu'aux Bouches-du-Rhône. Demi-feuille (1817).　225

Carte des côtes de la Méditerranée, partie comprise entre Marseille et Piombino (1832).　733

Côtes de France, depuis les Bouches-du-Rhône jusqu'à Ville-Franche (1792).　226

Carte de la côte et des îles des environs de Marseille (1792).　227

Côtes de France, depuis Cassis jusqu'au cap Sicié. Demi-feuille (1792).　228

Carte de la rade et des îles d'Hyères (1792).　229

Côtes de France, comprenant le golfe de la Napoule et le Gourjean ou golfe de Jouan, avec les îles de Lerins. Demi-feuille (1792).　230

ILE DE CORSE.

Carte de l'île de Corse (1831).　232

Carte des bouches de Bonifacio (1823).　233

Plan des passages de la Piantarella et du golfe de Santa-Manza (1827).　234

Plan de Porto-Liscia, Porto-Puzzo et Porto-Pollo (île de Sardaigne). Demi-feuille (1823).　235

Plan de Porto-Palma. — Plan de la rade d'Agincourt (île de Sardaigne). Demi-feuille (1823).　236

Plan de la rade d'Arsachena. — Plan de Longo-Sardo. — Plan de Porto-Servo (île de Sardaigne). Demi-feuille (1824).　237

Carte de la côte occidentale de l'île de Corse, depuis l'entrée du golfe de Sagone jusqu'à celle des bouches de Bonifacio (1825).　238

Numéros.

Plan du port de Figari. — Plan du port de Bonifacio. — Plan de la calanque de Conca. Demi-feuille (1825).   239

Plan des Moines ou Monachi et de la partie adjacente de la côte sud-ouest de l'ile de Corse. Demi-feuille (1825).   240

Plan du mouillage de Propriano. — Plan du mouillage de Porto-Pollo. — Plan du mouillage de Campo-Moro. Demi-feuille (1825).   241

Plan des mouillages situés au fond du golfe d'Ajaccio. Demi-feuille (1825).   242

Plan des îles Sanguinaires, situées à l'entrée du golfe d'Ajaccio. Demi-feuille (1826).   243

Carte de la côte occidentale de l'ile de Corse, depuis le cap Feno d'Ajaccio jusqu'à Calvi (1829).   244

Plan du mouillage de Sagone et de la côte adjacente. Demi-feuille (1829).   245

Plan du golfe de Lava et du port Provençale. — Plan du golfe et du port de Girolata. Demi-feuille (1830).   246

Plan du golfe et du port de Galeria. Demi-feuille (1829).   247

Carte de la côte nord-ouest de l'ile de Corse, depuis la pointe de Revellata jusqu'à la pointe de la Mortella. Demi-feuille (1829).   248

Plan des golfes de Calvi et de Revellata. Demi-feuille (1829).   249

Plan du danger de l'Algajola. — Plan du port de Malfalco. — Plan du port et de la côte de Centuri. Demi-feuille (1829).   250

Plan du mouillage de l'ile Rousse. Demi-feuille (1829).   251

Carte de la côte septentrionale de l'ile de Corse, depuis Bastia jusqu'au port de Malfalco (1828).   252

Plan du golfe de Saint-Florent. Demi-feuille (1828).   253

Plan des mouillages situés à la côte septentrionale de l'ile de Corse. — Plan du port et de la rade de Macinaggio. Demi-feuille (1828).   254

Numéros.

Plan de la côte de Bastia et du mouillage de la pointe d'Arco. Demi-feuille (1830).   255

Plan du port de Bastia. Demi-feuille (1831).   256

Carte de la côte orientale de l'île de Corse, depuis l'embouchure du Fium-Orbo jusqu'à Bastia (1831).   257

Carte de la côte orientale de l'île de Corse, depuis l'entrée des bouches de Bonifacio jusqu'à l'embouchure du Fium-Orbo (1827).   258

Plan du golfe de Pinarello. — Plan du port de Favone. — Plan de Porto-Nuovo et de la calanque del Gionco. Demi-feuille (1828).   259

Plan du golfe de Porto-Vecchio. Demi-feuille (1828).   260

Plan des îles Cerbicale et du canal qui les sépare de la côte de Corse. Demi-feuille (1827).   261

*Deux demi-feuilles de vues de diverses parties de la Corse. 262 et 263

ITALIE, SICILE ET GOLFE DE VENISE.

Plan du golfe de Palerme et de ses environs. Demi-feuille (1826).   264

Plan du port de Syracuse. Demi-feuille (1827).   265

Plan des îles, écueils et mouillages des environs de Trapani. Demi-feuille (1826).   266

Plan des îles Lipari. Demi-feuille (1826).   267

Carte du golfe de Venise. — *Plan de la ville et du port d'Ancône. — Plan du port et de la rade de Brindisi. — Mouillage des îles Tremiti. — Plan du port d'Otrante. — Plan de la ville et du port de Trieste* (1820).   268

* Les Cartes et Plans depuis et compris le n° 232 jusqu'au n° 263 inclusivement, qui sont le résultat des travaux exécutés sur les côtes de l'île de Corse par plusieurs officiers de la marine sous les ordres de M. Hell, capitaine de vaisseau, se réunissent en atlas.

Numéros.

Plan de la rade de Pirano. Demi-feuille (1821).   269

Plan de Porto-Quieto. Demi-feuille (1821).   270

Plan du port de Parenzo. — Plan du port d'Umago. — Plan de l'entrée du Lemo. Demi-feuille (1821).   271

Plan des environs de Pola (1821).   272

Plan du port de Pola (1821).   273

Plan du détroit de Pasman. — Plan du port de Zara. — Plan du port de Spalatro (1821).   274

Plan des environs de Sébenico (1821).   275

Plan des environs de Raguse. Trois feuilles (1821).   276, 277 et 278

Plan des ports de Molonta. Demi-feuille (1821).   279

Plan du golfe de Cattaro (1821).   280

MÉDITERRANÉE.

PARTIE ORIENTALE.

Carte de la partie orientale de la Méditerranée.   286

Carte de l'Archipel. Deux feuilles (1827).   281 et 282

Carte des côtes de la Grèce, depuis Navarin, en Morée, jusqu'au cap Doro (île de Negrepont) (1797).   283

Carte de la mer de Marmara. -- *Plan du canal de Constantinople* (1826).   284

Carte de la mer Noire (1822).   285

Plan du port de Tripoli, d'après les travaux exécutés en 1821 et 1832 par les capitaines Smyth et Grey. Demi-feuille (1836).   842

Carte du golfe de la Sidre. — *Port de Bengazi.* — *Rade de Carcora.* — *Brega ou port de Souffre.* — *Petit port de Chebec.* Demi-feuille (1826).   288

COTES SEPTENTRIONALES D'AFRIQUE.

PARTIE OCCIDENTALE.

Numéros.

Carte de la côte septentrionale d'Afrique, partie comprise entre Alger et l'île de la Galite (1836). 838

Carte de la côte septentrionale d'Afrique, partie comprise entre Alger et les îles Zafarines (1836). 841

Plan particulier de l'île de la Galite. Demi-feuille (1834). 803

Carte particulière des attérages de Bône (1835). 821

Carte particulière des mouillages de Bône (1834). 806

Carte des golfes de Stora et de Collo (1833). 792

Carte particulière du golfe de Bougie (1833). 796

Carte particulière des attérages d'Alger. — 2ᵉ édition (1837). 853

Plan particulier du mouillage d'Alger (1836). 850

Plan des mouillages de Siddi-Ferruch (1831). 289

Carte des attérages d'Oran et d'Arzeu (1835). 820

Plan particulier du mouillage d'Arzeu (1834). 805

Plan du mouillage de Mers-el-Kibir, baie d'Oran. Demi-feuille (1832). 731

*Plan particulier des îles Zafarines. Demi-feuille (1834). 804

Esquisse des côtes de la province d'Oran, depuis les îles Zaffarines jusqu'à l'îlot Colombi. — Plan des îles Zaffarines. — Plan du mouillage d'Arzew (1833). 737

Plan de la Baie de Tanger. Demi-feuille (1837). 852

* Les quatorze Cartes et Plans qui précèdent sont accompagnés d'un mémoire de M. Bérard, capitaine de corvette.

COTES OCCIDENTALES D'AFRIQUE.

Numéros.

Carte des îles Canaries et d'une partie des côtes occidentales d'Afrique (1780). 292

Carte particulière des îles Canaries et des côtes voisines d'Afrique. — *Rade de Sainte-Croix.* — *Port de la Gomère.* — *Port de Naos de Lancerote* (1780). 293

Plan de la rade de Santa-Cruz, située à la côte orientale de l'île de Ténériffe. Demi-feuille (1829.) 294

Carte de la côte occidentale d'Afrique, depuis le cap Bojador jusqu'aux îles de Los (1829). 295

Carte de la côte occidentale d'Afrique, comprise entre le cap Bojador et le cap Blanc (1828). 296

Carte de la côte occidentale d'Afrique, comprise entre le cap Blanc et le cap Verd (1828). 297

Carte de la côte occidentale d'Afrique, comprise entre le cap Verd et les îles de Los (1830). 299

Plan de la presqu'île du cap Verd et de la rade de Gorée (1824). 300

*Carte de l'archipel des Bissagos (1829). 301

Carte de la côte occidentale d'Afrique, partie comprise entre le cap de Naze et le cap Roxo (1828). 302

Carte de la côte occidentale d'Afrique, partie comprise entre les îles de Los et le cap Lopez. — *Plan des îles de Los.* — *Plan de la rivière Sierra-Leone.* — *Plan de la rivière Sherboro.* — *Plan des rivières de Bonny et du Nouveau-Calebar.* — *Plan de l'entrée de la rivière de Bénin.* — *Plan des entrées du Vieux-Calebar et du Rio-del-Rey.* — *Plan des entrées des rivières de Cameroons et de Malymba.* — *Plan de l'établissement de Clarence* (1833). 736

---

* Les Cartes et Plans n°s 294, 295, 296, 297. 299, 300 et 301, sont accompagnés d'un mémoire de M le vice-amiral Roussin, membre de l'Académie royale des Sciences, etc.

Numéros.

Plans des îles du Prince, Saint-Thomas et Annobon, levés en 1829 par le capitaine T. Boteler. Demi-feuille (1834).   799

Plan de la baie de Santo-Antonio (île du Prince). Demi-feuille (1828).   305

Carte de la côte occidentale d'Afrique, partie comprise entre le cap Formose et le cap Frio. — *Plan de la partie de la côte occidentale d'Afrique, comprise entre le cap Saint-Jean et le cap Lopez. — Plan de l'entrée de la rivière de Congo.—Plan de Saint-Paul de Loando. — Plan de la baie de Benguela* (1833).   791

Carte des côtes d'Afrique, depuis le cap Frio jusqu'à la baie d'Algoa. *Plan de la baie de Saldanha. — Plan du cap de Bonne-Espérance* (1833).   793

Carte de False-Bay et de la baie de la Table. Demi-feuille (1824).   309

AMÉRIQUE.

COTES DE L'AMÉRIQUE SEPTENTRIONALE

SUR L'OCÉAN ATLANTIQUE.

Carte des bancs et de l'île de Terre-Neuve, avec les côtes du golfe de Saint-Laurent et de l'Acadie (1784).   310

Carte de l'île de Terre-Neuve (1784).   311

Plan des côtes de Terre-Neuve. Première feuille, contenant la partie méridionale depuis le cap de Raze jusqu'au cap du Chapeau Rouge. — *Hâvres de Saint-Laurent.— Hâvres de Burrin. — Hâvre de Plaisance.—Hâvre de Sainte-Marie.—Hâvre des Trépassés* (1784).   312

Plan des côtes de Terre-Neuve. Deuxième feuille, contenant la partie méridionale depuis le cap du Chapeau Rouge jusqu'aux îles de Burgeo avec les îles de Saint-Pierre et Miquelon. — *Hâvre du Grand Jervis. — Hâvre Breton* (1784).   313

Numéros.

Carte des îles Saint-Pierre et Miquelon. Demi-feuille (1782).   314

Plan de l'île de Saint-Pierre au sud de Terre-Neuve (1763).   315

Plan de la rade de l'île Saint-Pierre (1824).   316

Plan de la rade et du barachois de l'île Saint-Pierre. Demi-feuille (1819).   317

Plan des côtes de Terre-Neuve. Troisième feuille, contenant la partie méridionale depuis les îles de Burgeo jusqu'au cap de Raye avec l'entrée du golfe de Saint-Laurent comprise entre ce cap et le cap Nord de l'île Royale. — *Port aux Basques* (1784).   318

Plan des côtes de Terre-Neuve. Quatrième feuille, contenant la partie occidentale depuis le cap de Raye jusqu'au cap de Saint-Grégoire. — *Plan des hâvres d'York et de Lark dans la baie des Iles* (1784).   319

Plan de la baie Saint-George, située à la côte occidentale de Terre-Neuve. Demi-feuille (1822).   320

Plan des côtes de Terre-Neuve. Cinquième feuille, contenant la partie occcidentale depuis le cap de Saint-Grégoire jusqu'à la pointe de Ferolle. — *Plan du hâvre de Hawke, du port de Saunder et du hâvre de Keppel* (1784).   321

Plan des côtes de Terre-Neuve. Sixième feuille, contenant la partie septentrionale, depuis la pointe de Ferolle jusqu'à l'île de Quirpon, avec le détroit de Bell'Ile et les côtes de Labrador situées sur ce détroit. — *Hâvre de Labrador.* — *Red Bay ou baie Rouge.* — *Baie des Châteaux d'Yorck.* — *Vieux Ferolle* (1784).   322

Plan de la baie de Saint-Lunaire à la côte nord-est de Terre-Neuve. Demi-feuille (1785).   323

Plan de la Crémaillère sur la côte du nord de l'île de Terre-Neuve. — Plan du hâvre de Saint-Antoine dans la baie de Saint-Meen. Demi-feuille (1792).   324

Numéros.

Carte des côtes de l'île de Terre-Neuve, partie septentrionale.—
    Plan du hâvre du Croc (1815).   817

Carte de l'île de Fogo à la côte orientale de Terre-Neuve. —
    Plan du port Fogo. — Plan de Shoal-Bay (1792).   326

Plan des côtes de Terre-Neuve. Neuvième feuille, contenant la
    partie orientale, depuis le cap de Bonavista jusqu'au cap
    Broyle. — *Plan des hâvres d'Aquafort et Fermouse. —
    Plan des hâvres du cap Broyle et Ferryland. — Plan
    de Bulss-Bay et Witless-Bay* (1792).   327

Plan de la ville et du hâvre de Saint-Jean, île de Terre-Neuve
    (1832).   732

Carte de la côte orientale de l'Amérique septentrionale, partie
    comprise entre la baie de Gaspé et New-York. — Plan du
    hâvre de Boston (1834).   797

Carte de la baie des Chaleurs à la côte occidentale du golfe de
    Saint-Laurent. — *Plan du hâvre de Ristigouche.* — Plan
    de l'île Saint-Jean au nord de l'Acadie et dans le sud du
    golfe de Saint-Laurent (1778).   329

Carte de l'île Royale. — *Plan du port et des îles au Juste-au-
    Corps.— Plan de la rade et de la baie de Chetecan. —
    Plan de l'entrée de la rivière au Saumon. — Plan de la
    baie de Morienne. — Plan de la baie des Espagnols.—
    Plan du hâvre d'Aspé* (1780).   330

Plan de la baie de Gabarus, île Royale.—Plan du port Toulouse,
    île Royale. —Plan de la baie de Nerichac, île Madame
    (1779).   331

Plan du port Dauphin, de la rade de Sainte-Anne, etc. Demi-
    feuille (1778).   332

Plan de la ville et du port de Louisbourg. — Plan du bassin et
    de la rivière du Port-Royal (1779).   333

Plan du port de Chibouctou à la côte de l'Acadie avec les côtes
    voisines. — Plan du port de la rivière Saint-Jean situé à

la côte septentrionale de la baie Française de l'Acadie. — Plan du port de la Hève à la côte méridionale de l'Acadie. Plan du port Rochelois à la côte méridionale de l'Acadie (1779). 334

Plan de l'isthme de l'Acadie comprenant le Beau-bassin avec une partie de la baie Verte. — Plan du hâvre de Casco et des îles adjacentes (1779). 335

Carte du hâvre de Boston (1780). 336

Plan de la baie de Narraganset dans la Nouvelle-Angleterre. Demi-feuille (1780). 337

Carte de la côte orientale de l'Amérique septentrionale, partie comprise entre New-York et la rivière Saint-Jean. — Plan de l'entrée de la rivière d'Hudson, depuis Sandy-Hook jusqu'à New-York. — Plan de l'entrée de la Chesapeake (1834). 798

Plan de l'entrée de la rivière Hudson, depuis Sandy Hook jusqu'à New-York. — Plan de la baie et rivière de Delaware (1778). 339

Carte de la baie de Chesapeack. — *Plan de la baie Herring* (1778). 340

Plan de la rivière du cap Fear depuis la barre jusques à Brunswick. — Plan de la barre et du hâvre de Charles-Town (1778). 341

Plan de Port Royal et de la rivière et du détroit d'Awfoskée à la côte de la Caroline méridionale (1778). 342

Plan de la barre et du port d'Amélia à la côte de la Floride orientale. Demi-feuille (1779). 343

GOLFE DU MEXIQUE ET MER DES ANTILLES.

Numeros

Carte générale du golfe du Mexique et de l'archipel des Antilles (1807). — 344

Carte des côtes du golfe du Mexique, compris entre la pointe sud de la presqu'île de la Floride et la pointe nord de la presqu'île d'Yucatan (1800). — 345

Carte de la partie septentrionale du golfe du Mexique, depuis Laguna Madre jusqu'à la côte de la Floride (1826). — 346

Carte de la partie méridionale du golfe du Mexique, depuis le cap Catoche jusqu'à Laguna Madre (1826). — 347

Carte de la mer des Antilles et de la côte de Terre-Ferme, depuis l'île de la Trinité jusqu'à la baie de Honduras. — *Plan de l'entrée du golfe de Curiaco et du mouillage de Cumana. — Plan du mouillage de Truxillo* (1813). — 348

Carte de la partie occidentale des îles Antilles, comprenant Saint-Domingue, la Jamaïque, Cuba et les îles et bancs de Bahama, avec les débouquemens de toutes ces îles (1801). — 349

Carte des îles Antilles, comprises entre la Trinité et Porto-Rico (1806). — 350

Carte des côtes de l'isthme de Panama et de la province de Carthagène, depuis la rivière de la Madeleine jusqu'au Darien du nord (1823). — 351

Carte de la côte nord-ouest du Darien, depuis l'île de Pinos jusqu'au golfe Saint-Blas (1823). — 352

Carte de la côte de l'Amérique méridionale, depuis le golfe de Venezuela jusqu'à la rivière de la Madeleine (1823). — 353

Carte de la côte de l'Amérique méridionale, depuis l'île de Oruba jusqu'à la province de Barcelona (1823). — 354

Carte de la côte de l'Amérique méridionale, depuis l'île de Trinidad jusqu'à la province de Barcelona (1823). — 355

Numéros.

Carte de l'île de Margarita et du golfe de Cariaco. Demi-feuille (1822). — 356

Port de Saint-Augustin. — Embouchure de la rivière Nassau. Embouchure de la rivière Saint-Jean. — Baie de Tampa. Demi-feuille (1830). — 357

Port de Panzacola. — Plan de la baie de Mobile.—Baie de Galvez-Town. — Baie de San-Bernardo. Demi-feuille (1830). — 358

Port de la Vera-Cruz.—Iles Providencia et Santa-Catalina. Port de Omoa.—Anse du cap de Gracias à Dios. Demi-feuille (1830). — 359

Port de la Vera-Cruz à la côte occidentale du golfe du Mexique. Demi-feuille (1802). — 360

Plan de la Basse de las Arcas. — Plan du port de Alacran. — Port de Guantanamo.—Port de Cuba. Demi-feuille (1830). — 361

Port et embouchure de la rivière San-Juan de Nicaragua. — Ports de Naos, Manzanillo et de las Minas. — Embouchure de la rivière de Chagres. — Port de Porto-Velo. Demi-feuille (1830). — 362

Mouillage de Carolina et port Escocès. — Port Carreto. — Baie de Candelaria dans le golfe de Darien. — Port de Cispata. Demi-feuille (1830). — 363

Port de Cartagena, côte de l'Amérique méridionale. — Plan du port de Santa Marta. — Plan de Bahia Honda, côte de Guajira. — Plan du canal de la baie Santa-Ana dans l'île de Curazao. Demi-feuille (1830). — 364

Port de Chichirivichi. — Port de Turiamo-Puerto Cabello. — Mouillage de la Guayra. Demi-feuille (1830). — 365

Mouillage de Corsarios. — Anse de Barcelona. — Port Mochima. — Anse de Pampatar et de Puerto Moreno dans l'île Margarita. Demi-feuille (1830). — 366

*Anse de la Esmeralda. — Anse de Carupano. — Anse de Porto-Santo. — Anse de Unare. Demi-feuille (1830). — 367

* Les Plans n°s 357, 358, 359, 360, 361, 362, 363, 364, 365, 366 et 367 sont des copies des Plans de l'atlas espagnol publié en 1809 sous le titre de *Portolano del America settentrionale*, qui a été corrigé en 1818.

Numéros.

Carte de la côte méridionale de l'île de Cube (1824). — 368

Carte d'une partie du vieux canal de Bahama et des bancs adjacents, depuis la pointe de Maternillos jusqu'à celle d'Ycacos. —*Plan du mouillage que forment les cayes Verde et Confites.* — *Plan du mouillage que forment les cayes de Piedras, Mono, Monillo et autres adjacentes* (1801). — 369

Plan du port et de la ville de la Havanne. Demi-feuille (1800). — 370

Carte de l'île de la Jamaïque. — *Ports de Kingston et de Port-Royal* (1786). — 371

Carte de l'île de Saint-Domingue (1787). — 372

Carte des débouquements de Saint-Domingue (1787). — 373

Plan de la baie de l'Acul. — Baie Dame-Marie. — Le port Français. — Baie des Irois. — Plan du mole Saint-Nicolas. Demi-feuille (1787). — 374

L'anse à Chouchou. — La baie Moustique. — Baie des Gonayves. — Port à l'Écu. — Le port Paix. — Mouillage de Jean-Rabel. — Baie de Tiburon. — La baie du Fond de la Grange. — Rade de la Basse-Terre dans l'île de la Tortue. Demi-feuille (1787). — 375

Carte de la Gonave (1788). — 376

Plan du principal port de l'île de Porto-Rico. Demi-feuille (1801). — 377

Plan de la rade du Marigot de Saint-Martin. Demi-feuille (1831). — 378

Carte de l'île de Saint-Christophe. — Ile de Nièvre (1758). — 379

Carte de l'île d'Antigue. Demi-feuille (1758). — 380

Carte de la Guadeloupe, Marie-Galante et les Saintes (1759). — 381

Plan des îles des Saintes levé en 1803. Demi-feuille (1818). — 382

Carte générale de la Martinique (1831). — 383

Carte des côtes de la Martinique, partie orientale de l'île comprise entre la pointe du Marigot et le cul-de-sac du Vauclin (1828). — 384

Numéros.

Carte des côtes de la Martinique, partie méridionale de l'île, comprenant la baie du Fort-Royal, le cul-de-sac Marin et la côte orientale depuis la pointe des Salines jusqu'au cul-de-sac Simon (1829).   385

Carte des côtes de la Martinique, partie septentrionale comprise entre la baie du Fort-Royal et le rocher du Pain-de-Sucre (1829).   386

Plan de la baie du Fort Royal (île de la Martinique) (1827).   387

Plan de la rade et de la ville de Saint-Pierre (île de la Martinique). Demi-feuille (1827).   388

Plan du hâvre de la Trinité (île de la Martinique). Demi-feuille (1827).   389

Plan des hâvres du Robert et du François (île de la Martinique) (1828).   390

* Plan du cul-de-sac Marin (île de la Martinique). Demi-feuille (1828).   391

Carte de l'île de Sainte-Lucie. — *Plan du port du Carénage. — Plan du cul-de-sac des Roseaux. — Mouillages du Grand-Îlet et du Choc* (1763).   392

Carte de l'île de la Barbade. Demi-feuille (1758).   393

Carte de l'île de la Grenade (1760).   394

Carte de l'île de la Trinité. — Plan de la presqu'île et du port de Chaguaramas. Demi-feuille (1804).   395

COTES DE LA GUYANE.

Carte des côtes de la Guyane, comprenant depuis les bouches de la rivière des Amazones jusqu'à l'île de la Trinité (1817).   396

---

* On réunit aux Cartes et Plans nᵒˢ 383, 384, 385, 386, 387, 388, 389, 390 et 391, qui sont le principal résultat de la reconnaissance des côtes de la Martinique faite en 1824 et 1825, par MM. les ingénieurs hydrographes Monnier et le Bourguignon Duperré, une description nautique de ces côtes, rédigée par M. Monnier : 1 vol. in-8.

Numéros.

Carte des côtes de la Guyane, comprises entre les bouches de la rivière des Amazones et celles du Maroni (1817).   397

Plan de l'embouchure de la rivière de Cayenne et des mouillages extérieurs. *Plan des îles du Salut* (1822).   398

Plan des îles du Salut. Demi-feuiile (1835).   819

COTES DU BRÉSIL,

DU PARAGUAY, ET DE LA PATAGONIE.

Carte de la côte du Brésil, comprise entre l'île Santa-Catharina et Maranham (1826).   399

Plan de l'entrée du Para. Demi-feuille (1822).   400

Carte de la côte du Brésil, comprise entre Ciara et Maranham (1826).   401

Carte des attérages du port de Maranham. *Reconnaissance de la basse de Manoel Luiz* (1826).   402

Plan de la rade et du port de Maranham (1826).   403

Carte de la côte du Brésil, comprise entre Pernambuco et Ciara (1826).   404

Carte de la côte du Brésil, comprise entre Porto-Seguro et Pernambuco (1825).   405

Carte de la rade de Pernambuco et de ses attérages (1824).   406

Carte de la baie de Todos-os-Santos (1823).   407

Carte de la côte du Brésil, comprise entre le cap Frio et Porto-Séguro (1824).   408

Carte des îlots et du canal des Abrolhos. *Plan des îlots Abrolhos* (1822).   409

Plan de la baie de Espirito-Santo. Demi-feuille (1823).   410

Numéros.

Carte de la côte du Brésil, comprise entre l'île Santa-Catharina et le cap Frio (1822). 411

Plan de la baie de Rio-Janeiro (1829). 412

Plan de l'entrée et de la rade de Rio-Janeiro (1829). 413

Carte des environs de l'île San-Sébastiao. *Plan du mouillage de l'île San-Sébastiao* (1823). 414

* Plan du mouillage situé au nord-ouest de l'île Santa-Catharina (1822). 415

Plan de l'île et du détroit de Sainte-Catherine au Brésil (1833). 780

Plan du mouillage de Nossa Senhora do Desterro. — Plan de l'entrée du sud de l'île Sainte-Catherine au Brésil. Demi-feuille (1833). 781

Carte réduite de la côte méridionale du Brésil, comprise entre la pointe nord de l'île Sainte-Catherine et le Rio-Grande de San-Pedro (1833). 782

Carte réduite de la côte méridionale du Brésil, comprise entre le Rio-Grande de San-Pedro et le cap Sainte-Marie du Rio de la Plata. — *Plan du mouillage du cap Sainte-Marie de la Plata* (1833). 783

Carte de la rivière de la Plata, depuis son embouchure jusqu'à Buenos-Ayres. — Plan du port de Maldonado. — Plan du port de Monte-Video (1800). 416

Carte réduite de la rivière de la Plata, depuis les caps Sainte-Marie et Saint-Antoine, jusqu'aux îles de Hornos et Buenos-Ayres (1833). 784

---

* Les Cartes et Plans n°⁸ 398, 399, 401, 402, 403, 404, 405, 406, 407, 408, 409, 410, 411, 414 et 415, qui sont le principal résultat de la reconnaissance hydrographique des côtes du Brésil, faite en 1819 et 1820, sous les ordres et la direction de M. le vice-amiral Roussin, se réunissent en atlas avec des instructions nautiques, qui ont été rédigées par ce même officier-général.

Les *Instructions nautiques* ont aussi été imprimées en un vol. in-8.

Numéros.

Carte réduite des attérages de Monte-Video, dans la rivière de la Plata (1833). — 785

Plan de la rade de Maldonado, dans la rivière de la Plata (1833). — 786

Plan du port et de la rade de Monte-Video, dans la rivière de la Plata (1833). — 787

Plan des mouillages de la Colonia et des îles de Hornos, dans la rivière de la Plata. Demi-feuille (1833). — 788

Plan de la rade de Buenos-Ayres, dans la rivière de la Plata (1833). — 789

*Plan de la Ensenada de Barragan, dans la rivière de la Plata. Demi-feuille (1833). — 790

Carte des côtes de l'Amérique méridionale, depuis le parallèle de 36° 30′ sud jusqu'au cap de Horn (1800). — 417

Plan du port de Sainte-Hélène à la côte des Patagons. — Plan du port de Melo. Demi-feuille (1821). — 418

ILES AÇORES, ILES DU CAP-VERT ET PETITES ILES ÉPARSES DANS L'OCÉAN ATLANTIQUE.

Carte des îles Açores (1791). — 290

Plan de la rade d'Angra, île de Tercère. — Plan de la rade de Fayal. Demi-feuille (1791). — 291

Carte des îles du cap Verd. — Plan de Porto Praya (1831). — 298

Carte des îles Salvages. — Carte d'une partie des îles de May et San-Yago. — Carte de l'île de la Trinité (l'*Astrolabe*) (1833). — 739

Plan de l'île de l'Ascension. Demi-feuille (*la Coquille*) (1827). — 721

---

* Les Cartes et Plans nᵒˢ 780, 781, 782, 783, 784, 785, 786, 787, 788, 789 et 790, sont accompagnés d'un mémoire de M. Barral, capitaine de corvette.

Numéros.

Plan du mouillage de Sandy-Bay (île de l'Ascension). Demi-feuille (*la Coquille*) (1827). 722

Plan du mouillage de l'île de Sainte-Hélène. Demi-feuille (*la Coquille*) (1827). 720

Carte et plan des îlots de Martin-Vaz et de la Trinité (Océan atlantique méridional). Demi-feuille (*la Coquille*) (1827). 681

Carte des îles Malouines (1771). 419

Plan de la Baie française (à la partie orientale des îles Malouines). — Plan de la Baie française, tiré du voyage de D. Pernetty (*l'Uranie*) (1826). 679

Plan du port Duperrey (Baie française). — Plan de l'anse Saint-Louis (Baie française) (*l'Uranie*) (1826). 680

GRAND OCÉAN.

Carte générale de l'Océan Pacifique (*l'Astrolabe*) (1833). 738

Carte des côtes de l'Amérique et de l'Asie, depuis la Californie jusqu'à Macao (*Lapérouse*) (1797). 543

COTES OCCIDENTALES D'AMÉRIQUE.

Carte générale d'une partie de la côte du nord-ouest de l'Amérique (*Lapérouse*) (1797). 544

Carte particulière de la côte du nord-ouest de l'Amérique, première feuille (*Lapérouse*) (1797). 545

Plan du port des Français (*Lapérouse*) (1797). 547

Plan de l'entrée du port de Bucarelli, sur la côte nord-ouest de l'Amérique (*Lapérouse*) (1797). 548

Carte particulière de la côte du nord-ouest de l'Amérique, deuxième feuille (*Lapérouse*) (1797). 549

Numéros.

Carte particulière de la côte nord-ouest de l'Amérique, troisième feuille (*Lapérouse*) (1797). ... 551

Plan du port de Saint-François, situé sur la côte de la Californie septentrionale. Demi-feuille (*Lapérouse*) (1797). ... 553

Plan de la baie de Monterey, située dans la Californie septentrionale. Demi-feuille (*Lapérouse*) (1797). ... 554

Plan du port de Saint-Diego, en Californie. — Plan du port et du département de Saint-Blas. Demi-feuille (*Lapérouse*) (1797). ... 555

Vues de la côte du nord-ouest de l'Amérique. Demi-feuille. (*Lapérouse*) (1797). ... 546

Idem.   *idem.*   Demi-feuille. ... 550

Idem.   *idem.*   Demi-feuille. ... 552

Carte générale de la partie de la côte nord-ouest de l'Amérique, comprise entre les parallèles de 29°-54′ et 58°-52′ de latitude septentrionale (*Vancouver*) (1800). ... 574

Carte particulière de la côte nord-ouest de l'Amérique, première partie. — Port de Saint-Diego. — Port de Saint-Francisco (*Vancouver*) (1800). ... 575

Idem, deuxième partie. — Baie de la Trinidad (*Vancouver*) (1800). ... 576

Idem, troisième partie. — Entrée de la rivière Colombia. — Hâvre de Gray. — Port de la Découverte (*Vancouver*) (1800). ... 577

Idem, quatrième partie. — Port Stewart (*Vancouver*) (1800). ... 578

Idem, cinquième partie. — Port Conclusion. — Port Protection. — Entrée de Cross Sound (*Vancouver*) (1800). ... 579

Idem, sixième partie. — Port Chalmers (*Vancouver*) (1800). ... 580

Idem, septième partie. — Port Chatam (*Vancouver*) (1800). ... 581

Numéros.

Vues de diverses parties de la côte nord-ouest d'Amérique. Demi-feuille (*Vancouver*) (1890). 584

Vues de diverses parties de la côte nord-ouest d'Amérique. Demi-feuille (*Vancouver*) (1800). 585

Idem.   *idem.*   Demi-feuille. 586

Vues de quelques caps et îles de la côte du nord-ouest et des côtes du sud-ouest et du sud de l'Amérique. Demi-feuille (*Vancouver*) (1800). 587

Carte des côtes et du golfe de Californie, depuis le cap Corrientes jusqu'au port Saint-Diego. — Plan du port de Guaimas. — Plan de la baie de la Paz. — Plan du port de Pichilingue (1826). 437

Carte de la côte occidentale du Mexique, depuis Acapulco jusqu'à l'entrée du golfe de Californie. — Plan de Mazatlan. — Esquisse de l'embouchure de la rivière de Chamatla. — Plan de San-Blas. Demi-feuille (1836). 840

Carte de la côte du Mexique sur la mer du sud, depuis le golfe Dulce jusqu'au cap Corrientes (1823). 436

Plan du port de San-Carlos de la Union, partie occidentale de la baie de Conchagua. Demi-feuille (1833). 794

Carte de la côte occidentale d'Amérique, depuis 9° de latitude nord jusqu'à 7° de latitude sud (1821). 435

Carte des îles Gallapagos. — Plan de la baie Albany (îles James). — Plan du mouillage de l'île Hood (Gallapagos). — Plan de la baie de Salango (Colombie). — Plan du mouillage de Tacames (Colombie). — Plan du banc de la Perle, situé par 27° 48′ de latitude septentrionale et 178°-46′ de longitude occidentale. Demi-feuille (*la Coquille*) (1827). 725

Carte de la baie de Payta. — Carte de l'entrée de l'anse de Séchura (Pérou) (*la Coquille*) (1827). 682

Numéros.

Carte de la partie de la côte du Pérou, comprise entre 7° et 21° de latitude sud (1821).   426

Plan du port de l'Ancon. Demi-feuille (1828).   433

Plan du Callao de Lima. — Plan de l'anse et du port de Valparaiso. Demi-feuille (....).   434

Plan du mouillage de Chorrillos. Demi-feuille (1828).   432

Carte de la côte du Pérou, comprise entre 19°-5′ et 16°-20′ de latitude sud. Demi-feuille (1824).   427

Plan de Quilca. — Caleta de Quilca. Demi-feuille (1824).   431

Plan de Ilay. — Plan de la Caleta de la Guata. — Plan de la Caleta Noratos. Demi-feuille (1824).   430

Plan d'Ilo. — Plan de Mollendo. Demi-feuille (1824).   429

Plan d'Arica. Demi-feuille (1824).   428

Carte de la partie de la côte du Chili, comprise entre 22° et 38° de latitude sud (1821).   424

Plan de la baie de Coquimbo (côte du Chili). — Plan de l'ile et de la rade d'Iquique (côte du Pérou). Demi-feuille (1836).   843

Plan du port de Valparaiso (côte du Chili). Demi-feuille (*la Coquille*) (1827).   724

Plan de la baie de la Conception. Demi-feuille (*Lapérouse*) (1797).   540

Plan de la baie de la Conception. Demi-feuille (1827).   425

Carte des côtes de l'Amérique méridionale, depuis le parallèle de 36°-30′ sud jusqu'au cap de Horn (1800). (Déjà portée aux côtes de la Patagonie.)   417

Plan du port de Valdivia. — Plan de la rade de San-Juan-Bautista, à la pointe nord-est de l'ile de Juan Fernandez (1821). Demi-feuille.   423

Numéros.

Plan de Valdivia sur la côte du Chili. — Plan particulier de l'anse du Corral (1825). 422

Plan du port de San-Carlos, situé à la partie nord de l'île Chiloë. Demi-feuille (1821). 421

Carte de la partie de la Terre-de-Feu, reconnue par la corvette *l'Uranie* en 1820. — Plan du hâvre Christmas, Cook, 1774. — Plan de la baie de Bon-Succès, Cook, 1760. — Plan de la baie Saint-François, d'après le capitaine d'Arquistade, 1717. Demi-feuille (*l'Uranie*) (1826). 678

GRAND OCÉAN SEPTENTRIONAL.

ILES ÉPARSES.

Carte des îles Sandwich (*Lapérouse*) (1797). 542

Carte de l'île Necker et de la basse des frégates françaises. — Plan et vues de l'île Necker (*Lapérouse*) (1797). 556

Carte des îles Sandwich, partie des îles Gallapagos. — Ile des Cocos (*Vancouver*) (1800). 573

Vues des îles Sandwich et autres îles. Demi-feuille (*Vancouver*) (1800). 583

Carte d'une partie des îles Carolines. — Essai sur la géographie des îles Carolines en 1824. — Plan des îles Guliay, aux îles Carolines, d'après D. Luis de Torrès, en 1804. — Plan de la basse Triste, d'après D. Felipe Tompson. — Plan des îles de la Passion, par le même auteur. Demi-feuille (*l'Uranie*) (1826). 665

Plan de la rade de Kayakakoua, île Owhyhi (îles Sandwich). Demi-feuille (*l'Uranie*) (1826). 674

Plan de la baie de Kohaï-haï, île Owhyhi (îles Sandwich). Demi-feuille (*l'Uranie*) (1826). 675

Numéros.

Plan du port d'Onorourou (île Wahou). Demi-feuille (*l'Uranie*) (1826). ... 676

Plan de la rade de Raheina, île Mowi (îles Sandwich). — Plan de l'île Pylstaart (îles des Amis). — Plan de l'île de Rose. (îles des Navigateurs). Demi-feuille (*l'Uranie*) (1826). ... 677

Carte générale de l'archipel des îles Mariannes (partie méridionale). — Carte générale de l'archipel des îles Mariannes (partie septentrionale) (*l'Uranie*) (1826). ... 666

Carte générale de l'île Guam (*l'Uranie*) (1826). ... 667

Carte particulière de l'île Guam. Première feuille. — Plan de l'île Rota (*l'Uranie*) (1826). ... 668

Carte particulière de l'île Guam. Deuxième feuille (*l'Uranie*) (1826). ... 669

Plan de la baie d'Umata (île de Guam). Demi-feuille (*l'Uranie*) (1826). ... 670

Plan du port de San-Luis d'Apra (île de Guam) (*l'Uranie*) (1826). ... 671

Plan du hàvre de Tarofofo (île de Guam). Demi-feuille (*l'Uranie*) (1826). ... 672

Plan de la rade de Tinian. — Plan de l'île Guguan. — Plan du farallon de Medinilla. — Plan du Farallon de Torès (aux îles Mariannes). Demi-feuille (*l'Uranie*) (1826). ... 673

Carte de l'archipel des îles Carolines (*la Coquille*) (1827). ... 715

Carte de l'archipel des îles Gilbert et de la partie méridionale des îles Marshall. Demi-feuille (*la Coquille*) (1827). ... 708

Carte de l'île Hall. — Carte des îles Woodle et Henderville (archipel des îles Gilbert). Demi-feuille (*la Coquille*) (1827). ... 705

Carte des îles Charlotte (archipel des îles Gilbert). — Carte des

Îles Mulgrave (archipel des îles Marshall). Demi-feuille (*la Coquille*) (1827). … 706

Carte des îles Bonham (archipel des îles Marshall). Demi-feuille (*la Coquille*) (1827). … 707

Carte de l'île Oualan (*la Coquille*) (1827). … 709

Carte du hàvre de la Coquille (île Oualan) (*la Coquille*) (1827). … 710

Plan du hàvre Chabrol. — Plan du port Lottin (île Oualan). Demi-feuille (*la Coquille*) (1827). … 711

Plan des îles Mac Askill. — Plan des îles Duperrey (archipel des îles Carolines). Demi-feuille (*la Coquille*) (1827). … 712

Carte des îles Hogoleu (archipel des iles Carolines) (*la Coquille*) (1827). … 713

Plan des îles Tamatam, Fanadik et Ollap. — Plan de l'île Bigali. — Plan de l'île Satahoual (archipel des îles Carolines). Demi-feuille (*la Coquille*) (1827). … 714

Carte et vue du volcan Mathew. — Carte de l'île Gouap. — Carte des îles Goulou, Carolines occidentales. — Carte de la partie orientale des iles Pelew. — Routes de *l'Astrolabe* au travers des Carolines (*l'Astrolabe*) (1833). … 773

Carte des îles Hogoleu, archipel des Carolines. Demi-feuille (*l'Astrolabe*) (1833). … 774

Carte du groupe d'Elivi, archipel des Carolines. — Carte des iles Aïou et Asia, îles des Papous. Demi-feuille (*l'Astrolabe*) (1833). … 775

GRAND OCÉAN MÉRIDIONAL.

ILES ÉPARSES.

Plan de l'île de Pâques. — Plan de la baie de Cook (*Lapérouse*) (1797). … 541

Carte de l'archipel des Navigateurs (*Lapérouse*) (1797). … 567

Numéros.

Plan d'une partie de l'ile de Maouna. — Plan de l'anse du Massacre, située à la partie nord-ouest de Maouna. Demi-feuille (*Lapérouse*) (1797).   568

Carte de la Nouvelle-Calédonie. — Plan du hâvre de Balade. — Plan des iles Beaupré (*Dentrecasteaux*) (1807).   602

Carte de l'extrémité septentrionale de la Nouvelle-Zéelande. — Carte de l'extrémité méridionale de l'archipel du Saint-Esprit. Demi-feuille (*Dentrecasteaux*) (1807).   603

Carte des iles Kermadec. — Plan de l'ile Raoul. Demi-feuille (*Dentrecasteaux*) (1807).   604

Plan du hâvre de Tonga-tabou (îles des Amis). Demi-feuille (*Dentrecasteaux*) (1807).   605

Carte de l'archipel de Santa-Cruz. — Copie de la carte du capitaine Carteret (*Dentrecasteaux*) (1807).   607

Carte des archipels des îles Salomon, de la Louisiade et de la Nouvelle-Bretagne (*Dentrecasteaux*) (1807).   608

Carte de la partie méridionale de l'archipel des iles Salomon. Première feuille (*Dentrecasteaux*) (1807).   609

Carte de la partie méridionale de l'archipel des îles Salomon. Deuxième feuille (*Dentrecasteaux*) (1807).   610

Carte de la partie méridionale des îles de Bougainville (*Dentrecasteaux*) (1807).   611

Carte de la partie septentrionale des îles de Bougainville (*Dentrecasteaux*) (1807).   612

Plan de la côte occidentale de l'île Bouka. Demi-feuille (*Dentrecasteaux*) (1807).   613

Carte de la partie septentrionale de l'archipel de la Louisiade. Première feuille (*Dentrecasteaux*) (1807).   614

Carte de la partie septentrionale de l'archipel de la Louisiade. Deuxième feuille (*Dentrecasteaux*) (1807).   615

— 45 —

Numéros.

Carte de la partie sud-est de la Nouvelle-Guinée (*Dentrecasteaux*) (1807).   616

Carte du détroit de Dampier (*Dentrecasteaux*) (1807).   617

Carte de la partie septentrionale de la Nouvelle-Bretagne (*Dentrecasteaux*) (1807).   618

Carte de la partie septentrionale de la Nouvelle-Guinée, depuis le cap Goede Hoop jusqu'au détroit de Dampier (*Dentrecasteaux*) (1807).   619

Carte contenant partie de la Nouvelle-Islande, de la Nouvelle-Hanovre et des îles de l'Amirauté (*Dentrecasteaux*) (1807).   620

Plan de la rade de Raheina, île Movi (îles Sandwich). — Plan de l'île Pylstaart (îles des Amis). — Plan de l'île Rose (îles des Navigateurs). Demi-feuille (*l'Uranie*) (1826). (Déjà porté au Grand-Océan septentrional, îles éparses.)   677

Plan de l'île Clermont-Tonnerre. — Plan de l'île Narcisse. — Plan de l'île Moller (îles Pomotou). Demi-feuille (*la Coquille*) (1827).   683

Carte générale des îles Pomotou, situées à l'est des îles de la Société (*la Coquille*) (1827).   684

Plan du port de Papeiti. — Plan de la baie et de l'établissement de Matavae (îles de Taïti). Demi-feuille (*la Coquille*) (1827).   685

Plan de l'île Borabora (île de la Société). Demi-feuille (*la Coquille*) (1827).   686

Plan du port de l'île Borabora. Demi-feuille (*la Coquille*) (1827).   687

Plan de l'île Maupiti (île de la Société). Demi-feuille (*la Coquille*) (1827).   688

Carte des îles de la Société (*la Coquille*) (1827).   689

Numéros.

Carte des îles situées au sud et à l'ouest des îles de la Société. Demi-feuille (*la Coquille*) (1827). 690

Plan de l'île Bouka. Demi-feuille (*la Coquille*) (1827). 691

Plan du port Praslin (Nouvelle-Irlande) (*la Coquille*) (1827). 692

Plan du canal Saint-George. — Port-Hunter, île du duc d'York (*la Coquille*) (1827). 693

Carte des îles découvertes en 1616, par G. Schouten. Demi-feuille (*la Coquille*) (1827). 694

Carte de la baie des Iles (Nouvelle-Zéelande) (*la Coquille*) (1827). 701

Plan du port Manawa (baie des Iles à la Nouvelle-Zéelande) (*la Coquille*) (1827). 702

Plan de l'île Saint-Augustin de Maurelle. — Plan de la partie méridionale de l'île Rotouma. Demi-feuille (*la Coquille*) (1827). 703

Carte des îles Bishop (archipel des iles Gilbert). Demi-feuille (*la Coquille*) (1827). 704

Plan de la baie Doreri (Nouvelle-Guinée) (*la Coquille*) (1827). 716

Carte de la côte de la Nouvelle-Guinée, au sud du hâvre de Doreri (*la Coquille*) (1827). 717

Carte de la côte de la Nouvelle-Guinée, depuis le hâvre de Doreri jusqu'aux îles Mispalu (*la Coquille*) (1827). 718

Carte de la côte méridionale de l'île de Tavaï-Poénammou (Nouvelle-Zéelande). — Plan du hâvre Chalky (île Tavaï-Poénammou). — Carte de l'île Ika-Na-Mawi (Nouvelle-Zéelande). Demi-feuille (*la Coquille*) (1827). 728

Plan de la rivière Shooukianga (île Ika-Na-Mawi). Demi-feuille (*la Coquille*) (1827). 729

Carte générale de la partie de la Nouvelle-Zélande reconnue par l'Astrolabe (*l'Astrolabe*) (1833). 746

— 47 —

Numéros.

Carte de la partie septentrionale de la côte occidentale de Tavaï-
Pounamou, Nouvelle-Zélande. Demi-feuille *(l'Astrolabe)*
(1833). 747

Carte particulière du détroit de Cook, Nouvelle-Zélande *(l'Astrolabe)* (1833). 748

Carte particulière de la baie de Tasman, île Tavaï-Pounamou,
Nouvelle-Zélande *(l'Astrolabe)* (1833). 749

Plan de l'anse des Torrens, baie de Tasman, détroit de Cook.
Demi-feuille *(l'Astrolabe)* (1833). 750

Plan de l'anse de l'Astrolabe, dans la baie de Tasman, détroit de
Cook. Demi-feuille *(l'Astrolabe)* (1833). 751

Plan du bassin des Courans, détroit de Cook. Demi-feuille *(l'Astrolabe)* (1833). 752

Carte particulière de la partie S.-E. de l'île Ika-Na-Mawi, Nouvelle-Zélande. Demi-feuille *(l'Astrolabe)* (1833). 753

Carte de la partie orientale de l'île Ika-Na-Mawi, Nouvelle-Zélande *(l'Astrolabe)* (1833). 754

Carte particulière de la baie de Shouraki et du canal de l'Astrolabe, île Ika-Na-Mawi, Nouvelle-Zélande *(l'Astrolabe)*
(1833). 755

Plan de la baie Houa-Houa.— Plan de la baie Wangari, île
Ika-Na-Mawi. Demi-feuille *(l'Astrolabe)* (1833). 756

Carte particulière du canal de l'Astrolabe, île Ika-Na-Mawi, Nouvelle-Zélande. Demi-feuille *(l'Astrolabe)* (1833). 757

Carte particulière de la partie N. de l'île Ika-Na-Mawi, Nouvelle-
Zélande *(l'Astrolabe)* (1833). 758

Plan de l'île Tonga-Tabou. Demi-feuille *(l'Astrolabe)* (1833). 759

Carte de l'archipel des îles Viti *(l'Astrolabe)* (1833). 760

Carte des îles Loyalty *(l'Astrolabe)* (1833). 761

Numéros.

Plan de l'extrémité N. du récif de Dentrecasteaux, au nord de la Nouvelle-Calédonie. — Carte d'une partie de l'île Rossel, Louisiade. — Plan des îles Laughlan. Demi-feuille (*l'Astrolabe*) (1833). — 762

Plan du hâvre Carteret sur la côte occidentale de la Nouvelle-Irlande. Demi-feuille (*l'Astrolabe*) (1833). — 763

Carte de la Nouvelle-Bretagne (*l'Astrolabe*) (1833). — 764

Carte générale de la côte septentrionale de la Nouvelle-Guinée (*l'Astrolabe*) (1833). — 765

Carte particulière de la Nouvelle-Guinée. Trois feuilles (*l'Astrolabe*) (1833). — 766 767 et 768

Routes de l'Astrolabe, près des îles Vanikoro. Demi-feuille (*l'Astrolabe*) (1833). — 769

Plan des îles Vanikoro ou de la Pérouse (*l'Astrolabe*) (1833). — 770

Plan de la baie Tevai, îles Vanikoro. Demi-feuille (*l'Astrolabe*) (1833). — 771

Plan de la baie Manevai, îles Vanikoro. Demi-feuille (*l'Astrolabe*) (1833). — 772

Plan de la rivière Kawa-Kawa, Nouvelle-Zéelande, baie des Iles (*la Favorite*) (1834). — 816

COTES ORIENTALES D'ASIE.

Carte générale des découvertes faites en 1787, dans les mers de Chine et de Tartarie, depuis Manille jusqu'à Avatscha (*Lapérouse*) (1797). — 557

Carte des découvertes faites en 1787, dans les mers de Chine et de Tartarie. Première feuille (*Lapérouse*) (1797). — 558

Carte de la partie des îles ou archipel de Corée, vues au mois de mai 1787 (*Lapérouse*) (1797). — 559

Numéros.

Plan de l'île Quelpaert. — Plan de l'île Hoapinsu et des ilots qui l'environnent. — Plan de l'île Dagelet. — Plan d'une partie de l'île de Botol. — Plan de l'île de Kumi. Demi-feuille *(Lapérouse)* (1797).   560

Carte des découvertes faites en 1787, dans les mers de Chine et de Tartarie. Deuxième feuille *(Lapérouse)* (1797).   561

Carte des découvertes au nord du Japon, faites en 1643, par les vaisseaux hollandais *le Kastrikum* et *le Breskens (Lapérouse)* (1797).   562

Plan de la baie de Ternai, située à la côte de Tartarie. Demi feuille *(Lapérouse)* (1797).   563

Plan de la baie de Langle, située à la partie ouest de l'île Tchoka. Demi-feuille *(Lapérouse)* (1797).   564

Plan de la baie d'Estaing, située à la côte de l'ouest de Tchoka. Demi-feuille *(Lapérouse)* (1797).   565

Plan de la baie de Castries, située à la côte orientale de Tartarie *(Lapérouse)* (1797).   566

Carte d'une partie de la mer de Chine (1798).   438

Carte de la partie méridionale de l'île d'Hainan. Demi-feuille (1819).   439

Plan de la baie de Lycoung-Soy. Demi-feuille (1817).   440

Plan de la baie de Gaalong. Demi-feuille (1817).   441

Plan de la baie d'Yu-lin-kan et du mouillage de Sanghia. Demi-feuille (1817).   442

Carte d'une partie de la côte de Cochinchine. Deux feuilles *(la Favorite)* (1834).   808 et 809

Croquis du mouillage du cap Boung-Quioua (côte du Tonkin). Demi-feuille *(la Favorite)* (1834).   810

Plan de la baie de Tourane (côte de Cochinchine) *(la Favorite)* (1834).   811

Numéros.

Port de Touran. Demi-feuille (1798). 448

Côtes de la Cochinchine. Trois feuilles (1798). 443, 444 et 445

Carte générale des côtes de la Cochinchine et du Camboge, première feuille (1818). 446

Idem. idem. deuxième feuille. Demi-feuille. 447

Port de Quinhone. — Port de Cou-mong. Demi-feuille (1818). 449

Plan des ports de Xuandai, Vung-lam et Vung-chao. Demi-feuille (1818). 450

Carte de la côte de Cochinchine, depuis l'île Shala jusqu'au cap Varella. Demi-feuille (1818). 451

Plan de la baie de Niatrang et du golfe de Binkang. Demi-feuille. 452

Plan de la baie et du port de Camraigne. Demi-feuille (1818). 453

Carte particulière de la côte de Cochinchine, depuis le cap Saint-Jacques jusqu'au faux cap Varella. Demi-feuille (1818). 454

Carte particulière de la côte de Cochinchine, depuis la baie de Camraigne jusqu'à la baie de Tanquam. Demi-feuille (1818). 455

*Plan de la rivière de Saigon, depuis le cap Saint-Jacques jusqu'à la ville de Saigon. Demi-feuille (1818). 456

Plan d'une partie du cours de la rivière de Saigon, depuis cette ville jusqu'à son embouchure. — Plan du port de Candiu, situé à la côte de Tsiompa (1798). 458

Plan de la ville de Saigon. Demi-feuille (1798). 457

---

* Les Cartes et Plans sous les nᵒˢ 446, 447, 449, 450, 451, 452, 453, 454, 455 et 456 sont des copies de l'ouvrage de M. Dayot sur la Cochinchine.

GRAND ARCHIPEL D'ASIE.

Numéros.

Plan de la baie de Manille et de ses environs. Demi-feuille (1798). — 459

Carte générale du grand archipel d'Asie, reconnue par Dentre-casteaux (*Dentrecasteaux*) (1807). — 622

Carte particulière du grand archipel d'Asie. Première feuille (*Dentrecasteaux*) (1807). — 623

Carte particulière du grand archipel d'Asie. Deuxième feuille (*Dentrecasteaux*) (1807). — 624

Carte particulière du grand archipel d'Asie. Troisième feuille (*Dentrecasteaux*) (1807). — 625

Carte particulière du détroit de Boutoun (*Dentrecasteaux*) (1807). — 626

Plan du hâvre de Boni, ou Boni Soïné (île Waigiou). Demi-feuille (*Dentrecasteaux*) (1807). — 621

Carte d'une partie du grand archipel d'Asie. Demi-feuille (*Baudin*) (1812). — 657

Carte particulière des détroits de Rottie et de Simao. Demi-feuille (*Baudin*) (1812). — 658

Carte d'une partie de l'île Timor et de quelques îles voisines. — Carte du détroit de Bourou. — Esquisse de la ville de Coupang (*l'Uranie*) (1826). — 660

Carte d'une partie du grand archipel d'Asie. — Plan du port de l'île Guébé. — Plan du port de l'île Fohou (*l'Uranie*) (1826). — 661

Carte d'une partie des îles des Papous. Demi-feuille (*l'Uranie*) (1826). — 662

Carte d'une partie de l'île Vaigiou (îles des Papous) (*l'Uranie*) (1826). — 663

Numéros

Plan de l'île et du mouillage de Rawak (îles des Papous). Demi-feuille (*l'Uranie*) (1826). 664

Plan du hâvre Offak (île Waigiou) (*la Coquille*) (1827). 695

Plan de la partie septentrionale de la baie Chabrol. — Plan des ports Duperrey et d'Urville (île Waigiou). Demi-feuille (*la Coquille*) (1827). 696

Carte d'une partie des îles des Papous, au nord-ouest de la Nouvelle-Guinée (*la Coquille*) (1827). 697

Carte du détroit de Guébé. Demi-feuille (*la Coquille*) (1827). 698

Carte du détroit d'Ombai. Demi-feuille (*la Coquille*) (1827). 699

Carte des îles Savu. Demi-feuille (*la Coquille*) (1827). 700

Carte du détroit de Wangi-Wangi (*la Coquille*) (1827). 719

Routes de *l'Astrolabe* au travers des Moluques. Deux demi-feuilles (*l'Astrolabe*) (1833). 776 et 777

Carte de la partie septentrionale de l'île Célèbes. Demi-feuille (*l'Astrolabe*) (1833). 778

Plan de la baie de Manado, île Célèbes. Demi-feuille (*l'Astrolabe*) (1833). 779

Carte de l'archipel des Natunas (mer de Chine) (*la Favorite*) (1834). 812

Carte particulière de la partie sud-ouest des Natunas et du canal Laplace (*la Favorite*) (1834). 813

Carte de l'archipel des Anambas (mer de Chine) (*la Favorite*) (1834). 814

Carte de la baie Tupinier (archipel des Anambas) (*la Favorite*) (1834). 815

Carte de la côte occidentale de Sumatra, partie comprise entre Analaboo et Sinkel. — Plan des rades de Qualah-Battoo et

Numéros.

de Soosoo. — Plan de la baie de Muckie et des côtes adjacentes au sud. — Plan de Laboan-Hadjie. — Plan de la baie de Tampat-Tuan. — Plan de la baie de Troumon (1837).   854

Carte de la partie de la mer de Chine reconnue par *la Thétis* et *l'Espérance*. — Carte de la partie septentrionale de l'Atol Suadiva (îles Maldives). — Carte d'une partie des îles Kangelang, Longue, Lrek et Lombock. Demi-feuille (*la Thétis* et *l'Espérance*, (1837).   855

Carte d'une partie des Anambas. Demi-feuille (*la Thétis* et *l'Espérance*) (1837).   856

Plan du port de Clermont-Tonnerre, situé à la partie nord-est des îles Anambas. Demi-feuille (*la Thétis* et *l'Espérance*) (1837).   857

Plan du détroit de Madura depuis la pointe Panka jusqu'à l'embouchure de la rivière de Sourabaya. Demi-feuille (*la Thétis* et *l'Espérance*) (1837).   858

Plan de la baie de Peejow, située à la partie orientale de l'île Lombock. Demi-feuille (*la Thétis* et *l'Espérance*) (1837).   859

Deux demi-feuilles de vues de diverses parties de côtes de la mer des Indes et de la mer de Chine, ainsi que de la ville de Sidney et de l'entrée de la baie de Rio-Janeiro (*la Thétis* et *l'Espérance*) (1837).   861 et 862

NOUVELLE-HOLLANDE

ET TERRE DE VAN-DIEMEN.

Carte de la côte sud-ouest de la Nouvelle-Hollande. — Rade du roi George III. — Dunsky-Bay. — Hàvre de l'île de l'Ancre. — Hàvre Facile. — Hàvre Pickersgill. — Les Snares. — Ile Chatham. — Ile Oparo (*Vancouver*) (1800).   572

Vues de quelques parties de la côte sud-ouest de la Nouvelle-Hollande et des îles Oparo et Snares. Demi-feuille (*Vancouver*) (1800).   582

Carte générale de la Nouvelle-Hollande et des archipels qui sont au nord et à l'est de cette terre *(Dentrecasteaux)* (1807). ... 588

Carte générale de la partie méridionale de la Nouvelle-Hollande, appelée terre d'Anthony Van-Diemen. Carte de la terre d'Anthony Van-Diemen, découverte en 1642, tirée de Valentyn. — Vue de Storm Baay, tirée du même auteur. Plan de la baie de Frédérik Hendrikx, tiré du même auteur. — Plan de la baie de Marion, levé en 1772 *(Dentrecasteaux)* (1807). ... 590

Carte particulière du canal Dentrecasteaux entre la terre méridionale d'Anthony Van-Diémen et l'île Bruny *(Dentrecasteaux)* (1807). ... 591

Plan du port du Nord. Demi-feuille *(Dentrecasteaux)* (1807). ... 592

Plan du port du Sud. — Croquis de la baie des Moules. Demi-feuille *(Dentrecasteaux)* (1807). ... 593

Plan du port du Nord-Ouest. — Plan du port de l'Espérance. Demi-feuille *(Dentrecasteaux)* (1807). ... 594

Plan de la baie de l'Adventure. Demi-feuille *(Dentrecasteaux)* (1807). ... 595

Vues de différentes parties de la terre d'Anthony Van-Diemen. Deux feuilles *(Dentrecasteaux)* (1807). ... 596 et 597

Carte générale des terres de Leeuwin et de Nuyts (côte sud de la Nouvelle-Hollande). — Fragment de la carte des découvertes des Hollandais, tiré de la collection des voyages de Thévenot *(Dentrecasteaux)* (1807). ... 598

Carte de la terre de Leeuwin et de la partie occidentale de la terre de Nuyts. — King George III Sound, tiré du voyage de Vancouver. — Mouillage de Saint-Alouarn à la terre de Leeuwin *(Dentrecasteaux)* (1807). ... 599

Carte de la partie occidentale de la terre de Nuyts, comprise entre King-George-Sound et l'archipel de la Recherche *(Dentrecasteaux)* (1807). ... 600

Carte de l'archipel de la Recherche, situé à la partie occidentale de la terre de Nuyts *(Dentrecasteaux)* (1807). ... 601

Numéros.

Carte générale de la Nouvelle-Hollande *(Baudin)* (1812). 627

Carte générale de la terre de Diémen *(Baudin)* (1812). 628

Carte générale de la côte orientale de la terre de Diémen. — La même côte, d'après Tasman, en 1642. — La même côte, d'après Furneaux, en 1773. — Plan d'une partie de la rivière du Nord *(Baudin)* (1812). 629

Carte particulière de la côte sud-est de la terre de Diémen. — *La même côte, par Tasman, en 1642; par Marion, en 1772; par Furneaux, en 1773; par Dentrecasteaux, en 1793; par Flinders, en 1798 (Baudin)* (1812). 630

Carte d'une partie de la côte orientale de la terre de Diémen. — *Carte d'Oyster-Bay et d'une partie des îles Maria, par le capitaine Cox, en 1798 (Baudin)* (1812). 631

Carte générale du détroit de Bass. — *Plan du port Dalrymple, d'après le capitaine Flinders, en 1798. — Plan d'une partie des îles Furneaux, d'après le capitaine Flinders, en 1798 (Baudin)* (1812). 632

Plan de l'île Maria à la terre de Diémen. — Plan de l'île King dans le détroit de Bass. Demi-feuille *(Baudin)* (1812). 633

Carte des îles Hunter. — *Les mêmes îles, d'après la carte du capitaine Flinders, en 1798 (Baudin)* (1812). 634

Carte générale de la terre Napoléon (Nouvelle-Hollande) *(Baudin)* (1812). 636

Carte d'une partie de la terre Napoléon. Première feuille *(Baudin)* (1812). 637

Esquisse du port Western, par M. Faure. — *Esquisse du port Western, par M. Bass.* Demi-feuille *(Baudin)* (1812). 638

Carte d'une partie de la terre Napoléon. Deuxième feuille *(Baudin)* (1812). 639

Carte d'une partie de la terre Napoléon. Troisième feuille *(Baudin)* (1812). 640

Carte de l'île Decrès (Terre Napoléon) *(Baudin)* (1812). 641

Numéros.

Carte d'une partie de la terre Napoléon. Quatrième feuille *(Baudin)* (1812).   642

Carte d'une partie de la terre Napoléon. — *Esquisse du port Champagny*. Cinquième feuille *(Baudin)* (1812).   643

Carte d'une partie de la terre Napoléon. — *Plan des îles Joséphine et de la baie Murat*. Sixième feuille *(Baudin)* (1812).   644

Plan du port du Roi George (Nouvelle-Hollande). — *Plan du même port, d'après Vancouver*, 1791. Demi-feuille *(Baudin)* (1812).   645

Plan d'une partie de la terre de Nuyts. Demi-feuille *(Baudin)* (1812).   646

Carte d'une partie des terres de Leuwin et d'Edels (Nouvelle-Hollande). — *Plan du port Leschenault (Baudin)* (1812).   647

Carte de la terre d'Edels et d'une partie de celle d'Endracht (Nouvelle-Hollande). — *Quatre petits plans des Abrolhos, savoir : d'après une carte de Van-Keulen; d'après un plan de Van-Keulen; d'après une carte de Lootsman ; d'après un plan du capitaine Daniel* (1681) *(Baudin)* (1812).   648

Carte de la baie des Chiens-Marins (à la terre d'Endracht). — *Trois petits plans de la même baie, savoir : d'après les cartes hollandaises, en* 1697; *d'après Dampier, en* 1699; *d'après le capitaine Saint-Alouarn, en* 1772 *(Baudin)* (1812).   649

Carte générale de la terre de Witt (Nouvelle-Hollande) — *Plan du détroit de Savu (Baudin)* (1812).   650

Carte d'une partie de la terre de Witt. — *Esquisse de l'Archipel de Dampier. — Esquisse de l'île de Puch. — Esquisse de l'îlot des Tortues et du banc des Amphinomes*. Première feuille *(Baudin)* (1812).   651

Carte d'une partie de la terre de Witt. — *Esquisse de la baie de Coupang. — Esquisse de la ville de Coupang. —*

	Numéros.
Plan d'une partie de la terre de Witt. Deuxième feuille (*Baudin*) (1812).	652
Carte d'une partie de la terre de Witt. — *Esquisse des îles de l'Institut.* Troisième feuille (*Baudin*) (1812).	653
Carte d'une partie de la terre de Witt. Quatrième feuille (*Baudin*) (1812).	654
Plan du comté de Cumberland (Nouvelle-Galles du sud), d'après les cartes anglaises. — Plan du port Jackson, d'après le capitaine John Hunter (*Baudin*) (1812).	655
Plan de la ville de Sydney. Demi-feuille (*Baudin*) (1812).	656
Plan du port Jackson. Demi-feuille (*la Thétis* et *l'Espérance*) (1837).	860
Carte de la baie des Chiens-Marins (Nouvelle-Hollande). Demi-feuille (*l'Uranie*) (1826).	659
Plan de la rivière Brisbane (Nouvelle-Hollande) (*la Coquille*) (1827).	726
Plan du hâvre Macquarie (terre de Van-Diémen) (*la Coquille*) (1827).	727
Plan du port du Roi Georges, sur la côte occidentale de la Nouvelle-Hollande (*l'Astrolabe*) (1833).	740
Plan du hâvre de la Princesse Royale, port du Roi Georges. Demi-feuille (*l'Astrolabe*) (1833).	741
Plan de l'entrée du hâvre de la Princesse Royale, port du Roi Georges. Demi-feuille (*l'Astrolabe*) (1833).	742
Plan du port Western, à la côte sud de la Nouvelle-Hollande (*l'Astrolabe*) (1833).	743
Carte d'une partie du détroit de Bass. — Carte d'une partie de la côte de New-South-Whales. — Autre carte d'une partie de la côte de New-South-Wales, Nouvelle-Hollande. Demi-feuille (*l'Astrolabe*) (1833).	744
Plan de la baie de Jervis, Nouvelle-Hollande, côte orientale. Demi-feuille (*l'Astrolabe*) (1833).	745

MER DES INDES.

Numéros.

Carte générale de la mer des Indes (1837)   863

ILES ÉPARSES

Carte des îles de France et de Bourbon. — Plan du port de la rivière d'Abord, île Bourbon (1802).   467

Plan du port de Tintingue, île Madagascar.—Plan du port Louis, île Sainte-Marie de Madagascar. Demi-feuille (1821).   468

Plan de la baie de Diego Suarez dans l'île de Madagascar. Demi-feuille (1837).   851

Plan de l'île Amsterdam. Demi-feuille *(Dentrecasteaux)* (1807).   589

Carte de l'Archipel des Seychelles (mer des Indes). — Plan du mouillage de Sainte-Anne (Archipel des Seychelles) *(la Favorite)* (1834).   807

Carte de la partie septentrionale de l'Atol Suadiva (îles Maldives). — Carte de la partie de la mer de Chine, reconnue par *la Thétis* et *l'Espérance*. —Carte d'une partie des îles Kangelang, Longue, Urck et Lombock. Demi-feuille (*La Thétis* et *l'Espérance*) 1837. (Déjà portée au Grand-Archipel d'Asie.)   855

COTES DES INDES, DE LA PERSE, DE L'ARABIE ET MER ROUGE.

Carte de la côte nord de l'île de Ceylan et du mouillage de Kaits situé à l'entrée du détroit de Palk (1834).   802

Carte de la partie méridionale de la presqu'île de l'Inde, qui comprend l'île de Ceylan (1798).   461

Carte des côtes de Guzerat, de Concan et de Canara (1798).   462

Carte générale de la mer Rouge. Onze petits plans : — Rade de Moka. — Baie Denis. — Ile Camaran. — Mouillage d'Omar. — Mouillage de Gedan. — Port de Giddah. — Rade de Goofs. — Port de Rabach. — Port d'Yambo. — Port de Tor.—Port de Suez. Trois feuilles (1798). 463, 464 et 465

Carte du golfe de Suez. Demi-feuille (1798).   466

NEPTUNE ORIENTAL DE D'APRÈS DE MANNEVILETTE.

Numéros.

Carte des côtes occidentales de France et d'une partie de celles d'Espagne, d'Angleterre et d'Irlande, par M. l'abbé Dicquemare.   469

Plan du port Louis et de Lorient. Demi-feuille.   470

Carte des côtes occidentales d'Espagne, de Portugal et de Barbarie.   471

Carte des îles Açores et des îles Canaries, par M. l'abbé Dicquemare. Demi-feuille.   472

Carte de la côte d'Afrique, depuis le cap Blanc jusqu'à la rivière de Gambie.   473

Cap des îles du Cap-Vert. — *Plan de la rade de la Praye.* Demi-feuille.   474

Plan de la baie et du port de Rio-Janeiro. Demi-feuille.   475

Plan du cap de Bonne-Espérance et de ses environs. Demi-feuille.   476

Plan de la baie Simon dans Falsebay. Demi-feuille.   477

Carte réduite de l'Océan oriental, depuis de cap de Bonne-Espérance jusqu'à l'île Formose.   478

Carte de la côte méridionale d'Afrique, depuis la baie de Saldagne jusqu'au cap des Courans. *Plan de la baie Saint-Blaise. — Plan de la baie Formose ou Mossel-Baye. — Plan de la baie de Lagoa.*   479

Carte de l'Océan oriental qui contient la côte d'Afrique, depuis le 9° degré de latitude méridionale jusqu'au 30°, avec l'île de Madagascar et les îles adjacentes. *Plan de Tullear-Baye. — Ile de Sable.*   480

Carte de la côte orientale d'Afrique, depuis l'île de Patte jusqu'à Moçambique avec les îles adjacentes.   481

Numéros.

Carte de la côte occidentale de l'île de Madagascar, depuis la baie de Saint-Augustin jusqu'au cap Saint-André. *Plan de la rade et rivière de Moroundava.* Demi-feuille. — 482

Plan de la baie de Saint-Augustin. *Plan du port de l'île Sainte-Marie.* Demi-feuille. — 483

Côte orientale de Madagascar, depuis la rivière d'Ivondrou jusqu'à Mananzari. *Plan de la rade de Manonrou. — — Cours de la rivière de Mananzari.* Demi-feuille. — 484

Carte de la côte orientale de Madagascar, depuis Mananzari jusques et compris l'anse du fort Dauphin. *Plan de l'anse du fort Dauphin. — Plan de la baie et des îlots de Sainte-Luce.* — 485

Carte de la côte orientale de Madagascar, depuis la pointe de l'Est jusques et compris le lac Nossé-Bé. *Plan de l'anse de Veninguebé. — Plan du port Tentingue. — Plan de la rade de Foulpointe. — Plan de l'anse de Tamatave.* — 486

Côte de l'île Madagascar, depuis la baie de Vohemare jusqu'à la pointe de l'Est. *Plan du port et de la baie du cap de l'Est.* Demi-feuille. — 487

Plan de la côte de l'est de Madagascar, depuis la baie de Vohemare jusqu'au cap d'Ambre. — *Plan du port de Louquez.* Demi-feuille. — 488

Plan de l'île de France. — 489

Plan du port Louis de l'île de France. Demi-feuille. — 490

Plan de l'île Bourbon. Demi-feuille. — 491

Plan de l'île de Rodrigues. — *Plan particulier du nord de l'île de Madagascar, depuis le cap d'Ambre jusqu'à Infandria.* Demi-feuille. — 492

Plan des îles Querimbo, Oybo et Matemo, situées à la côte d'Afrique. — *Plan de l'île de Patte et de son port.* Demi-feuille. — 493

Numéros.

Carte de l'Archipel du nord-est de l'île de Madagascar, depuis la ligne équinoxiale jusqu'au 21° 30′ de latitude méridionale. 494

Carte des îles et dangers situés au nord-est de l'île Madagascar. Demi-feuille. 495

Carte de l'île Mahé ou Seichelle, avec les îles circonvoisines. 496

Carte de l'Océan oriental, septentrional, qui contient une partie des côtes d'Afrique, de l'Arabie, de la Perse, et celle de l'Indostan, avec les îles de Ceylan, Maldives et Laquedives. 497

Carte de l'entrée du golfe de la mer Rouge. *Détroit de Bab-El-Mandel. — Plan de la rade de Moka.* Demi-feuille. 498

Vues des caps d'Aden, de Saint-Antoine et de Bab-el-Mandel. Vues de l'île Socotra. Demi-feuille. 499

Carte de la mer Rouge, depuis Moka jusqu'à Gedda. *Trois petits plans : Gedan, Shake Omare. — Goofs.* 500

Plan de la rade de Gedda. Demi-feuille. 501

Carte du golfe Persique, depuis Bassora jusqu'au cap Rasalgate. *Plan des îles Karak et Korgo et de la baie de Bundereek.* 502

Carte de la côte de Guzerat, du golfe de Cambaye et des côtes de Concan et de Canara. *Plan de la rivière de Surate.* 503

Vues diverses du fort de l'Agouade près de l'île de Goa. — Vues diverses de l'île aux Cochons, sur la côte occidentale de Sumatra. — Vue d'une partie du Ouest de la côte de Sumatra. Demi-feuille. 504

Plan du port de Bombay. Demi-feuille. 505

Carte qui comprend l'île de Ceylan, et une partie des côtes de Malabar et de Coromandel. 506

Plan de la baie et du port de Trinquemalay dans l'île de Ceylan. 507

Numéros

Carte qui comprend la partie septentrionale de la côte de Coromandel et les côtes de Golconde, d'Oricha et de Bengale. 508

Carte du golfe de Bengale, depuis l'île de Ceylan jusqu'au golfe de Siam, avec la partie septentrionale du détroit de Malac. 509

Chart of the Northern part of the bay of Bengal. 510

Carte de la côte orientale du golfe de Bengale. Demi-feuille. 511

Carte de la côte de Pegou, et de celle de Martaban. Demi-feuille. 512

Plan de l'Archipel de Merguy, depuis les îles Moscos jusqu'à l'île Domel. *Plan de l'île Junkseilon et de son port.* Demi-feuille. 513

Plan des îles Nicobar et autres îles situées au nord-nord-ouest de ces îles. *Plan particulier du port compris entre les îles Nacaveri, Souri et Tricutte.* Demi-feuille. 514

Plan de la rade d'Achem et des îles circonvoisines (île de Sumatra). Demi-feuille. 515

Carte de la partie septentrionale du détroit de Malac, depuis la rade d'Achem jusqu'à Malac. 516

Plan de Salangor et de la côte de Malaye, depuis la pointe de Caran jusqu'au mont Parcelar. Demi-feuille. 517

Carte de la côte occidentale de l'île Sumatra, depuis la rivière de Touroumane jusqu'à la pointe d'Indrapour. 518

Carte de la côte occidentale de l'île Sumatra, depuis la pointe d'Indrapour jusqu'au détroit de la Sonde. 519

Carte de l'île de Java, avec les îles de Banca, de Billiton et une partie de celles de Sumatra et de Bornéo. 520

Nouveau plan des détroits situés à l'est de Java et de Madura, nommés communément les détroits de Bali et d'entre Pondi et Respondi. — *Plan de la baie de Ballambouang.* Demi-feuille. 521

Numéros

Carte du détroit de la Sonde, depuis la pointe de Winerou jusqu'à l'île du Nord. — *Plan de la baie de l'île de Mew ou Cantaye, sur la côte occidentale de Java.* — 522

Carte pour aller du détroit de la Sonde ou de Batavia au détroit de Banca. — *Plan des îles Remouw, Kandang, High et Foody.* — 523

Plan du détroit de Banca. — *Plan du détroit à l'est de Banca.* Demi-feuille. — 524

Carte des mers comprises entre le détroit de Banca et Pulo-Timon, avec la partie orientale du détroit de Malac. — *Plan de l'anse du sud-est de Pulo-Timon et de sa rade.* — 525

Carte de la partie comprise entre la sortie du détroit de Malac, le détroit de Banca et l'île Bornéo. Demi-feuille. — 526

Plan du port de Rio, détroit de Malaca. — Plan du détroit du Gouverneur. Demi-feuille. — 527

Carte du golfe de Siam, avec une partie des côtes de Malaye et de Camboje, depuis l'île Timon jusqu'à celle Condor. — *Plan depuis l'île Brala jusqu'à la grande île Ridang.* Demi-feuille. — 528

Carte d'une partie de la côte de Cochinchine, depuis l'île Cham Collao jusqu'à la rivière du Roi. — Plan de l'île Condor. Demi-feuille. — 529

Carte de la mer de Chine. — 530

Carte d'une partie des côtes de la Chine. Demi-feuille. — 531

Carte d'une partie de l'île Bornéo et des îles Sooloo. — 532

Carte de la partie septentrionale de Bornéo et des îles environnantes. — *Plan de l'île Balambangan.* — 533

Carte de l'Archipel des îles Sooloo. — *Plan de Toolyan-Baye.* — *Plan de la rade de Sooloo.* — 534

Numéros.

Plan des principaux ports de la côte d'Illocos en l'île de Luçon.
Demi-feuille.   535

Plan de la baie et ville de Manille. Demi-feuille.   536

Plan du port de Subec en l'île de Luçon. Demi-feuille.   537

Nota. Les *Instructions de Daprès*, qui accompagnent le *Neptune oriental*, ont été réimprimées en 1 vol. in-8.

La dernière édition de cet atlas est de 1775.

TABLE

DES

VUES PRISES SUR LES PRINCIPAUX DANGERS

DES COTES DE FRANCE *.

COTES OCCIDENTALES.

ENVIRONS DE BREST,

DEPUIS PORSAL JUSQU'A PENMARC'H.

Numéros.

1. — Grande basse de Porsal.

2. — Basse Boureau.

3. — Basse Saint-Jacques.

4. — Basse Meur (chenal du Four).

5. — Basse Saint-Charles.

6. — Basse Saint-Louis.

7. — Roche nord-ouest des Platresses.

8. — Roche nord-est des Platresses.

9. — Roche du sud-est des Platresses.

10. — La Valbelle.

11. — Le Tendoc.

* Ces vues de côtes sont sur des quarts de feuille.

Numéros.

12. — Basse Saint-Paul.

13. — Basse du Faix.

14. — Pointe nord-est de la chaussée des Pourceaux.

15. — Basse orientale du Courleau.

16. — Grande Vinotière.

17. — Basse des Renards.

18. — Pointe sud-ouest des Vieux-Moines.

19. — Basse du Chenal.

20. — Basse Large.

21. — Basse Callet.

22. — Basse Bridy.

23. — La Jument d'Ouessant.

24. — Basse du Fromveur.

25. — Basse Pengloc'h.

26. — Basse du Mel-Bian.

27. — Basse occidentale des Pierres-Vertes.

28. — Le Gondichoc.

29. — Cleu Basseven.

30. — Le Petit Taureau (Pierres-Noires).

31. — Basse occidentale des Pierres-Noires.

32. — Roche méridionale du Boufouloc.

33. — Basse de la Recherche.

34. — Basse Royale.

35. — Le Coq.

Numéros.

36. — Basse Beuzec.

37. — La Vendrée.

38. — Basse de l'Astrolabe.

39. — La Parquète.

40. — Basse de la Parquète.

41. — Le Trépied.

42. — Basse Louzaouennou.

43. — Basse du Sud (passage du Toulinguet).

44. — Basse Mendufa.

45. — Basse de l'Iroise.

46. — Basse du Lis.

47. — Roche du nord-est de la basse Ménéhom.

48. — Roche du sud-ouest de la basse Ménéhom.

49. — Basse du Bouc.

50. — Le Chevreau.

51. — Roche occidentale du plateau des Fillettes.

52. — Roche du nord-est de la basse Goudron.

53. — Basse Pénoupèle.

54. — Basse du Renard.

55. — Basse Vieille.

56. — Roche du sud-est de la basse Laye.

57. — Le Taureau.

58. — Basse Rip.

59. — Basse Neuve.

60. — Basse Meur.

61. — Basse Jaune.

62. — Basse Burel.

63. — Basse du nord-ouest de la baie des Trépassés.

64. — Cornoc an Tréas.

65. — Basse du Triton.

66. — Basse Moudénou.

67. — Basse Plate.

68. — Roche du nord-est des Barillets.

69. — Cornoc-Bras ar Raz.

70. — Masclogreiz.

71. — Basse ar C'harn.

72. — Roche du sud-ouest des Ninkinou.

73. — Basses Piriou.

74. — Basse des Chiens-de-Mer (pointe de Penmarc'h).

ENVIRONS DE LORIENT,

DEPUIS PENMARC'H JUSQU'A LA LOIRE.

ENTRÉE DE LA LOIRE. — ENVIRONS DE LA ROCHELLE ET DE ROCHEFORT.

75. — Karec-Gréiz.

76. — Fayebleau.

77. — Basse du Chenal (anse de Bénodet).

78. — Basse de Montfort.

79. — Rostolou.

80. — Roc'h Hélou.

81. — Basse Malvic.

82. — Roche du nord-ouest des basses Tudy.

83. — Men Diou.

84. — Basse de l'Astrolabe.

85. — Basse du Joubert.

86. — Treusvas.

87. — Basse Rouge.

88. — Le Taro.

89. — Roche orientale de la chaussée de Beg-Meil.

90. — Karek-Allidec.

91. — Basse Guinoec.

92. — Linuen de Cabellou

93. — Le Corven.

94. — Le Corven de Trévignon.

95. — Basse Pérénes.

96. — Basse du chenal des Bluiniers.

97. — Roche orientale de la Jument (îles de Glenan).

98. — Roche du sud-est des Laouenou.

99. — Basse an Ero.

100. — Basse Jaune.

101. — Men Du.

102. — Men an Tréas.

103. — Le Cochon de Pont-d'Aven.

104. — Basse Garo.

105. — Les Trois-Pierres (pointe du Talut).

106. — Basse de la Paille.

107. — Basse de Grave.

108. — Basse des Chats (île de Groix).

109. — Extrémité occidentale du banc du Cuihel.

110. — Les Pierres-Noires (Chiviguète).

111. — Plateau des Birvideaux.

112. — Basse occidentale des Poulains (Belle-Ile).

113. — Basse Plate.

114. — Grand Flaharn.

115. — Sommet des bancs de Taillefer.

116. — Basse du Palais.

117. — Basse orientale de Belle-Ile.

118. — Haute roche de Gouë-Vas.

119. — Points dangereux du Gouë-Vas.

120. — Basse Cariou.

121. — Basse du Chenal (pointe de Quiberon).

122. — Basse Neuve (près de la Teignouse).

123. — Basse du Milieu (passage de la Teignouse).

124. — Extrémité nord-ouest des Esclassiers.

125. — Roche occidentale de la chaussée de l'Ile-aux-Chevaux.

126. — Le Gréan.

127. — Basse du Chariot.

Numéros.

128. — Basse du Fer.

129. — Basse des Cardinaux.

130. — Basse orientale de Coufournic.

131. — La Chèvre de Haedik.

132. — Extrémité orientale du banc de Haedik.

133. — Grande basse de Haedik.

134. — Petite basse de Haedik.

135. — Men er Roué (baie de Quiberon).

136. — Basse des Buissons.

137. — Basse de Méaban.

138. — Basse du Morbihan.

139. — Basse de Ker-Joanno. — Basse de Thumiac.

140. — Basse de Saint-Gildas.

141. — Basse du Grand-Mont.

142. — Extrémité occidentale du plateau de la Recherche.

143. — Roche de Lomariaker (plateau de la Recherche).

144. — Roche de Sarzeau (plateau de la Recherche).

145. — Basse des Mâts.

146. — Basse de Pénerf.

147. { — Grande Arcoche. — La Varlingue.
{ — Basse de Prières. — Petit Sécé.

148. — Basse Fournier.

149. — Bonen du Four.

150. — Gouë-Vas (plateau du Four).

Numéros.

151. — Basse Capella (banc de Guérande).

152. { — L'Inconnu. — Basse Hikeric.
{ — Basse Bezou. — Basse Castouillet.

153. { — Basse David. — Basse du Soleil-Royal.
{ — Basse Trujean. — Basse de la Barre.

154. — Basse Michaut.

155. — Basse de l'Astrolabe. — Basse du Turc.

156. — Roche du nord-ouest de la Banche.

157. — Roche du sud-est de la Banche.

158. — La Lambarde.

159. — Le Vert. — Roche occidentale des Jardinets.

160. — La Truie.

161. { — Basse de Saint-Nazaire. — Basse Meyner.
{ — Plateau du Sécé (rade de Mindin).

162. — La Couronnée.

163. — Roche occidentale de la Couronnée.

164. { — Basse des Pères. — Pierre Moine.
{ — Pierre du Chenal.

165. — Le Bavard (chaussée des Bœufs).

166. — Basse Vermenou. — Petite Barge.

167. — Le Lavardin.

168. — Le Cornard.

169. — Extrémité S.-O. des fonds de roche de la pointe de Chatelaillon.

170. — Enrochement du Boyard.

171. — Roche du S.-E. du Boyard.

COTES SEPTENTRIONALES.

ENVIRONS DE SAINT-MALO ET DE CHERBOURG,

DEPUIS LE PHARE DES HEAUX DE BRÉHAT JUSQU'AU PHARE DE BARFLEUR.

Numéros.

172. — Roch ar Bel.

173. — Men-Marc'h.

174. — Caïn ou Ringue-Bras.

175. — Plateau des Hors (roche du nord-est).

176. — Grand Léjon.

177. — Petit Léjon.

178. — Caffa.

179. — Basse Grand Gripet.

180. — Roches Trahillions. { Haute tête.
{ Roche occidentale.

181. — Basse Herbaut. — Le Daouet.

182. — Basse des Daouetins.

183. — Pierre du Banc. — Les Écarets.

184. — Grande Livière.

185. — Petite Livière.

186. — Les Landas.

187. — La Catis.

188. — Basse des Sauvages.

189. — Le Vieux Banc.

190. — Banchenou.

191. — Les Buharats. — Les Couillons de la Porte (tête orientale). — Basse du Boujaron.

192. — La Folette. — Basse Poulverce. — Rat du nord-est.

193. — Sauts aux Chiens. — La Trouvée (plateau de la Mouillère). — Basse des Maréchaux (plateau de la Mouillère). — Grande Basse.

194. — Les Hupions (tête du nord). — La Grande Hupée. — Bunel. — Basse nord-est des Portes.

195. — Plateau de la Rance. { Sommet. — Tête du nord-est. — Tête du nord-ouest. — Tête du sud-est. — Basse Broutard. — Rat de la Mercière.

196. — Le Rat du Rocher. — Basse Tangui. — Rat de Saint-Servan. Basse de Becfer. — Les Rousses. — Le Teto.

197. — La Saint-Servantine. — Basse des Pointus.

198. — Rochefort (extrémité nord-est). — Le Platier.

199. — Basse du Durand. — Basse aux Chiens. — Basse de Rochefort.

200. — Basse Rault. — Basse du Nid.

201. — Basse Grune.

202. — Basse Parisienne. — La Fille.

203. — La Videcoq.

204. — Les Sauvages. — La Scuarde.

205. — Basse Trouvée.

206. — Le Fournet.

207. — La Catheue.

208. — Les Caux des Minquiers. { Extrémité orientale du plateau. — Tête orientale des roches qui découvrent.

209. — Les Ardentes. { Haute tête orientale. / Haute tête occidentale.

210. — Basse Le Marié.

211. — Les Nattes.

212. — Le Bœuf.

213. { — Basse nord-ouest des Bœufs. / — Basse occidentale des Bœufs.

214. — Basse Jourdan.

215. — Plateau des Trois Grunes (sommet).

216. — Basse Bihard.

217. — Basses Saint-Gilles.

218. — Banc de la Schóle.

219. — La Foraine. — La Grande Grume.

220. — Basse du Raz (raz Blanchart).

221. — Banc Blanchart (tête orientale).

222. — Basse Bréfort. — Raz de Bannes (sommet).

223. — Banc Chavagnac. — La Tenarde.

224. — La Truite. — Basse du Happetout. — Pointe nord-ouest du plateau de l'île Pelée. — Basse du Chenal (entre l'île Pelée et la terre).

225. — La Pierre Noire du cap Levi.

226. { — Tête septentrionale du raz du cap Levi.
      { — Basse du cap Levi.

227. — Basse du Sen (tête du nord-ouest).

228. — Basse du Sen (tête du milieu). — Le Sen.
229. — Le Renier.

230. — Basse du nord-ouest du Renier.

231. — Basse du centre du Renier.

232. — La Roquette.

233. — Haut fond des Equets. — Plateau des Equets (sommet).

TABLEAUX

DES

OBSERVATIONS DE MARÉES FAITES SUR DIVERS POINTS DES COTES DE FRANCE *.

COTES OCCIDENTALES.

Numéros.

1. \
2. } — Brest, Ouessant et île de Sein.

3. \
4. } — Concarneau.

5. \
6. } — Port-Louis.

7. \
8. } — Port du Palais (Belle-Ile).

9. \
10. } — Port Navallo (Morbiban).

11. \
12. \
13. \
14. \
15. } — Embouchure de la Loire, Noirmoutier, Saint-Nazaire,
16. Paimbœuf, le Migron, la Basse-Indre et Nantes.
17. \
18. \
19. \
20. /

21. } — Port Breton (ile D'Yeu).
— Rade de Fromantine.
22. — Saint-Gilles sur Vie.

23. \
24. } — Ile D'Aix.
25.
26. /

* Ces tableaux de marées sont sur des quarts de feuille.

Numéros.

27.
28.
29.
30.
31.
32.
33.   — Gironde et Garonne.
34.
35.
36.
37.
38.

39.
40.   — Bassin d'Arcachon.

41.
42.   — Port de Socoa (baie de Saint-Jean-de-Luz).
43.   — Boucaut (entrée de l'Adour).
44.

COTES SEPTENTRIONALES.

45.
46.
47.
48.
49.   — Bréhat, Saint-Malo, Granville et Jersey.
50.
51.
52.
53.
54.

55.
56.   — Bréhat. Lezardrieux et Erqui.
57.
58.

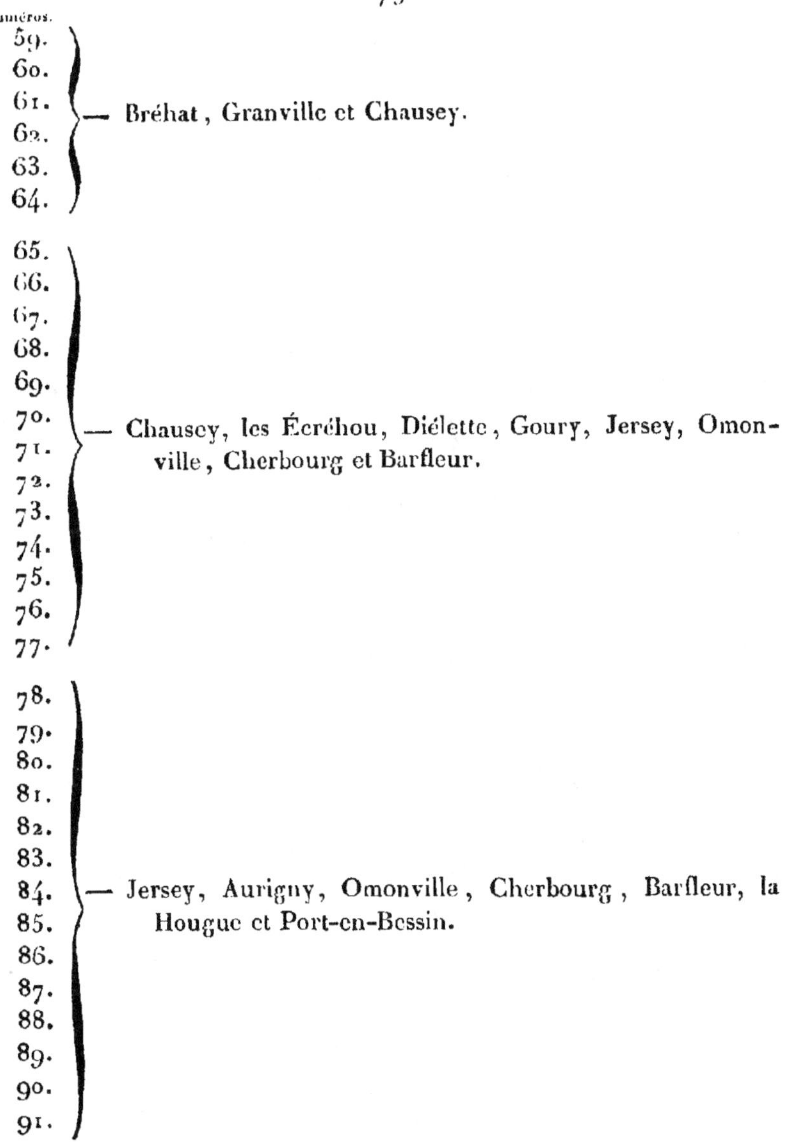

Tableau des principaux résultats des observations de marées, faites sur les côtes occidentales de France, pendant la durée des opérations des ingénieurs hydrographes de la marine sur ces côtes. Demi-feuille.

MÉMOIRES

ᴇᴛ

INSTRUCTIONS NAUTIQUES.

OUVRAGES GÉNÉRAUX.

Méthodes pour la levée et la construction des cartes et plans hydrographiques, publiées en 1808, sous le titre d'Appendice, à la suite de la relation du voyage du contre-amiral Bruny-Dentrecasteaux; par M. Beautemps-Beaupré; in-4°.

Exposé des travaux relatifs à la reconnaissance hydrographique des côtes occidentales de France; par M. Beautemps-Beaupré; suivi d'un Précis des opérations géodésiques qui ont servi de base aux cartes et plans du Pilote Français; par M. Daussy; in-4° (1829).

Méthode de calcul pour obtenir la marche des chronomètres; par M. Daussy, in-8° (1832).

Notes sur les opérations hydrographiques à exécuter dans le voyage de la Bonite; par M. Beautemps-Beaupré, novembre 1835, in-8° (1837).

Aperçu général du système adopté au dépôt de la marine, pour déterminer les positions des points qui se trouvent sur les cartes et plans du Pilote français; par M. Bégat, in-8° (1837).

Mémoire sur divers moyens de se procurer une base; par M. Chazallon (1837).

EUROPE.

Instructions nautiques sur la navigation de la mer Baltique; in-4° (1825).

Description nautique des côtes occidentales d'Angleterre et d'Écosse; traduit de l'anglais; 2 vol. in-4° (an XII).

Description nautique des côtes méridionales d'Angleterre ; traduit de l'anglais ; 1 vol. in-4° (an XII).

Description nautique des côtes d'Irlande ; traduit de l'anglais, 1 vol. in-4° (an XII).

Description nautique des côtes orientales de la Grande-Bretagne et des côtes de Hollande, du Jutland et de Norwége ; traduit de l'anglais par M. Levêque ; 1 vol. in-4° (an XII).

Phares et feux des côtes d'Angleterre, d'Irlande et d'Écosse ; in-4° oblong (1833).

Mémoire pour servir d'instruction à la navigation des côtes de France, depuis Calais jusqu'à la baie de Cancale ; par M. Lacouldre-la-Bretonnière ; in-4° (1804).

Description nautique de la côte de France sur la mer du Nord, depuis Calais jusqu'à Ostende ; par M. Beautemps-Beaupré ; in-4° (1823).

Note sur le passage entre Brehat et les Roches-Douvres ; par M. Beautemps-Beaupré ; in-8° (1832).

Mémoire sur les courans de la Manche, de la mer d'Allemagne et du canal de Saint-George, suivi de quelques documens sur la navigation dans la Déroute et le Raz Blanchart, et sur les courans particuliers à ces deux passages ; par M. Monnier ; in-8° (1835).

Mémoire sur les marées des côtes de France ; par M. Daussy ; in-8° (1832).

Mémoire sur les attérages des côtes occidentales de France ; par M. Le Saulnier-de-Vauhello ; in-4° (1833).

Avis aux navigateurs sur l'état actuel des passes de l'embouchure de la Gironde ; par M. Beautemps-Beaupré ; in-8° (1826).

Rapport sur le bassin d'Arcachon, adressé en 1835 à M. le ministre de la marine ; par M. Monnier ; in-8° (1837).

Routier des côtes de Portugal ; par M. Franzini ; traduit du portugais, par G. d'Urban ; in-8°, 2° édition (1836).

Remarques sur les courans du détroit de Gibraltar; par M. Elzeard Ollivier; in-8° (1831).

Renseignemens sur le mouillage des îles Médas, près la baie de Rosas; sur le port des Alfaques, à l'embouchure de l'Ebre; sur les baies de Palma et d'Alcudia, dans l'île Mayorque; par M. Elz. Ollivier; in-8° (1837).

AMÉRIQUE.

Instructions nautiques relatives aux cartes et plans du Pilote de Terre-Neuve, extraites de divers mémoires anglais; in-4° (1784).

Le Pilote américain, contenant la description des côtes orientales de l'Amérique du Nord, depuis le fleuve Saint-Laurent jusqu'au Mississipi, suivi d'une notice sur le Gulf-Stream; traduit de l'anglais de Blunt, par M. Magré; in-8° (1826).

Routier des îles Antilles, des côtes de Terre-Ferme et de celles du golfe du Mexique, suivi d'une notice sur les courans de l'Océan atlantique; traduit de l'espagnol, par M. Chaucheprat; in-8° (1829).

Instructions nautiques sur les côtes et les débouquemens de Saint-Domingue; par M. Chastenet de Puységur; in-8° (1821).

Description nautique des côtes de la Martinique; par M. Monnier; in-8° (1828).

Instructions nautiques sur les côtes de la Guyane française; par M. Lartigue; in-8° (1827).

Renseignemens sur la partie de côte comprise entre la Trinité espagnole et Maranham; traduit du Pilote américain de Blunt, par M. Magré; in-8° (1827).

Le Pilote du Brésil, ou Description des côtes de l'Amérique méridionale, comprises entre l'île Santa-Catharina et celle de Maranao; par M. Roussin; in-8° (1827).

Renseignemens sur la côte méridionale du Brésil et sur le Rio de la Plata; par M. Barral; in-8° (1832).

Renseignemens sur la partie de côte comprise entre l'île Sainte-Ca-

therine et Buenos-Ayres ; traduit du Pilote américain de Blunt, par M. Magré ; in-8° (1827).

Instructions nautiques sur les côtes de la Patagonie, depuis le port Sainte-Hélène à l'est, jusqu'au cap Tres-Montès à l'ouest, y compris le détroit de Magellan et la côte du large de la Terre-de-Feu ; traduites de l'anglais de King, par M. Darondeau ; in-8° (1835).

AFRIQUE.

Description nautique des côtes de l'Algérie ; par M. A. Bérard, suivie de notes, par M. de Tessan ; in-8° (1837).

Renseignemens sur les côtes de la province d'Oran , par M. Garnier ; in-8° (1833).

Description nautique de l'archipel des îles Açores ; traduit de l'espagnol de Tofino, par M. Urvoy de Portzampare ; in-8° (1830).

Mémoire sur la navigation aux côtes occidentales d'Afrique, depuis le cap Bojador jusqu'au mont Souzos ; par M. Roussin ; in-8° (1827).

Description de la côte occidentale d'Afrique, depuis le cap de Naze jusqu'au cap Roxo ; par M. le Prédour ; in-8° (1828).

MER DES INDES.

Instructions de Daprès sur la navigation des Indes orientales ; in-8° (1816).

Instructions relatives à la navigation sur divers points des côtes du Bengale, tirées de la *Gazette de Calcutta* du 27 juillet 1826 ; in-8° (1827).

Instructions nautiques sur la navigation de la mer de Chine ; traduit de l'anglais de Horsburgh, par M. le Prédour ; in-8°, 2ᵉ édition (1836).

Extrait nautique du voyage de la gabare *la Zélée* dans les mers de l'Inde ; par M. Poutier ; in-8° (1831).

Instructions pour naviguer sur la côte ouest de Sumatra avec la carte d'Endicott ; in-8° (1837).

GRAND OCÉAN.

Description de la côte du Pérou entre 19° et 16° 20′ de latitude sud , et renseignemens sur la navigation des côtes occidentales d'Amérique, depuis le cap Horn jusqu'à Lima; par M. Lartigue; in-8° (1827).

ATLAS DES VOYAGES.

CARTES, PLANS

ET

VUES DE COTES.

ATLAS DES VOYAGES.

CARTES, PLANS

ET

VUES DE COTES.

VOYAGE DE LAPÉROUSE,

Fait dans les années 1785, 1786, 1787 et 1788.

	Numéros.
Carte réduite des parties connues du globe terrestre.	538
Carte du grand Océan ou mer du Sud.	539
Plan de la baie de la Conception. Demi-feuille.	540
Plan de l'île de Pâques. — *Plan de la baie de Cook.*	541
Carte des îles Sandwich.	542
Carte des côtes de l'Amérique et de l'Asie, depuis la Californie jusqu'à Macao.	543
Carte générale d'une partie de la côte du nord-ouest de l'Amérique.	544
Carte particulière de la côte du nord-ouest de l'Amérique. Première feuille.	545
Vues de la côte du nord-ouest de l'Amérique. Demi-feuille.	546
Plan du port des Français.	547
Plan de l'entrée du port de Bucarelli, sur la côte du nord-ouest de l'Amérique.	548
Carte particulière de la côte du nord-ouest de l'Amérique. Deuxième feuille.	549
Vues de la côte du nord-ouest de l'Amérique. Demi-feuille.	550

Numéros.

Carte particulière de la côte du nord-ouest de l'Amérique. Troisième feuille. 551

Vues de la côte du nord-ouest de l'Amérique. Demi-feuille. 552

Plan du port de Saint-François, situé sur la côte de la Californie septentrionale. Demi-feuille. 553

Plan de la baie de Monterey, située dans la Californie septentrionale. Demi-feuille. 554

Plan du port de Saint-Diego en Californie. — Plan du port et
du département de Saint-Blas. Demi-feuille. 555

Carte de l'île Necker et de la basse des frégates françaises. —
Plan et vues de l'île Necker. 556

Carte générale des découvertes faites en 1787, dans les mers de
la Chine et de Tartarie, depuis Manille jusqu'à Avatscha. 557

Carte des découvertes faites en 1787, dans les mers de Chine et
de Tartarie. Première feuille. 558

Carte de la partie des îles ou Archipel de Corée, vues au mois
de mai 1787. 559

Plan de l'île Quelpaert. — Plan de l'île Hoapinsu et des îlots qui
l'environnent. — Plan de l'île Dagelet. — Plan d'une partie de l'île de Botol. — Plan de l'île de Kumi. Demi-
feuille. 560

Carte des découvertes faites en 1787, dans les mers de Chine et
de Tartarie. Deuxième feuille. 561

Carte des découvertes au nord du Japon, faites en 1643, par les
vaisseaux hollandais *le Kastrikum* et *le Breskens.* 562

Plan de la baie Ternai, située à la côte de Tartarie. Demi-
feuille. 563

Plan de la baie de Langle, située à la partie ouest de l'île Tchoka.
Demi-feuille. 564

Plan de la baie d'Estaing, située à la côte de l'ouest de Tchoka.
Demi-feuille. 565

Plan de la baie de Castries, située à la côte orientale de Tartarie. 566

Carte de l'archipel des Navigateurs. 567

Plan d'une partie de l'île de Maouna. — Plan de l'anse du Massacre, située à la partie nord-ouest de Maouna. Demi-
feuille. 568

Partie de la mer du Sud, comprise entre les Philippines et la

Numéros.

Californie, d'après la carte espagnole trouvée sur le galion pris par l'amiral Anson, en 1743. — Partie de la mer du Sud comprise entre les Philippines et la Californie, d'après une autre carte espagnole communiquée à Lapérouse, dans sa relâche à Monterey, sur laquelle il avait tracé sa route, ainsi que les îles qu'il avait reconnues, avec des notes sur celles qu'il n'avait pas trouvées.   569

Carte d'une partie du Grand-Océan, à l'est et au sud-est de la Nouvelle-Guinée, pour l'intelligence du voyage de la frégate espagnole *la Princesa*, commandée par Francisco-Antonio, D. Maurelle, en 1781. Demi-feuille.   570

Plan des iles Kuriles et des terres peu connues, situées à la suite de ces îles, d'après un manuscrit conservé dans les archives d'Ochotsk, qui a été communiqué à M. Lesseps, en 1788. — *Partie peu connue des îles Aléutiennes, d'après une carte manuscrite des archives d'Ochotsk, communiquée à M. Lesseps.*   571

VOYAGE DE VANCOUVER,

Fait dans les années 1790, 1791, 1792, 1793, 1794 et 1795.
Édition française.

Carte de la côte sud-ouest de la Nouvelle-Hollande. — *Rade du roi George III. — Dusky-Bay. — Hâvre de l'île de l'Ancre. — Hâvre Facile. — Hâvre Pickersgill. — Les Snares. — Ile Chatham. — Ile Oparo.*   572

Carte des îles Sandwich. — *Partie des îles Gallapagos. — Ile des Cocos.*   573

Carte générale de la partie de la côte nord-ouest de l'Amérique, comprise entre les parallèles de 29°-54′ et 58°-52′ de latitude septentrionale.   574

Carte particulière de la côte nord-ouest de l'Amérique. Première partie. — *Port Saint-Diégo. — Port San-Francisco.*   575

	Numéros.
Idem. Deuxième partie. — *Baie de la Trinidad.*	576
Idem. Troisième partie. — *Entrée de la rivière Colombia.* — *Havre de Gray.* — *Port de la Découverte.*	577
Idem. Quatrième partie. — *Port Stewart.*	578
Idem. Cinquième partie. — *Port Conclusion.* — *Port Protection.* — *Entrée de Cross Sound.*	579
Idem. Sixième partie. — *Port Chalmers.*	580
Idem. Septième partie. — *Port Chatham.*	581
Vues de quelques parties de la côte sud-ouest de la Nouvelle-Hollande, et des îles Oparo et Snares. Demi-feuille.	582
Vues des îles Sandwich et autres îles. Demi-feuille.	583
Vues de diverses parties de la côte nord-ouest d'Amérique. Demi-feuille.	584
Vues de diverses parties de la côte nord-ouest d'Amérique. Demi-feuille.	585
Vues de diverses parties de la côte nord-ouest d'Amérique. Demi-feuille.	586
Vues de quelques caps et îles de la côte du nord-ouest et des côtes du sud-ouest et du sud de l'Amérique. Demi-feuille.	587

VOYAGE DE DENTRECASTEAUX,

Fait dans les années 1791, 1792 et 1793.

(Publié par M. Beautemps-Beaupré, en 1807.)

Carte générale de la Nouvelle-Hollande et des archipels qui sont au nord et à l'est de cette terre.	588
Plan de l'île Amsterdam. Demi-feuille.	589
Carte générale de la partie méridionale de la Nouvelle-Hollande, appelée terre d'Anthony Van Diémen. — *Carte de la terre d'Anthony Van Diémen, découverte en 1642, tirée de Valentyn. — Vue de Storm Baay, tirée du même auteur. — Plan de la baie de Frédérik Hendrikx, tiré du même auteur. — Plan de la baie de Marion, levé en 1772.*	590

Numéros.

Carte particulière du canal Dentrecasteaux, entre la terre méridionale d'Anthony Van Diémen, et l'île Bruny.   591

Plan du port du Nord. Demi-feuille.   592

Plan du port du Sud. — Croquis de la baie des Moules. Demi-feuille.   593

Plan du port du Nord-Ouest. — Plan du port de l'Espérance. Demi-feuille.   594

Plan de la baie de l'Adventure. Demi-feuille.   595

Vues de différentes parties de la terre d'Anthony Van Diémen. Deux feuilles.   596 et 597

Carte générale des terres de Leeuwin et de Nuyts (côte sud de la Nouvelle-Hollande). — *Fragment de la carte des découvertes des Hollandais, tiré de la collection des voyages de Thévenot.*   598

Carte de la terre de Leeuwin et de la partie occidentale de la terre de Nuyts. — *King George III Sound, tiré du voyage de Vancouver.* — *Mouillage de Saint-Alouarn à la terre de Leeuwin.*   599

Carte de la partie occidentale de la terre de Nuyts, comprise entre King-George-Sound, et l'archipel de la Recherche.   600

Carte de l'archipel de la Recherche, situé à la partie occidentale de la terre de Nuyts.   601

Carte de la Nouvelle-Calédonie. — *Plan du hâvre de Balade.* — *Plan des îles Beaupré.*   602

Carte de l'extrémité septentrionale de la Nouvelle-Zéelande. — Carte de l'extrémité méridionale de l'archipel du Saint-Esprit. Demi-feuille.   603

Carte des îles Kermadec. — *Plan de l'île Raoul.* Demi-feuille.   604

Plan du hâvre de Tongatabou (îles des Amis). Demi-feuille.   605

Carte trigonométrique de l'archipel de Santa-Cruz.   606

Carte de l'archipel de Santa-Cruz. — *Copie de la carte du capitaine Carteret.*   607

Carte des archipels des îles Salomon, de la Louisiade et de la Nouvelle-Bretagne.   608

Carte de la partie méridionale de l'archipel des îles Salomon. Première feuille.   609

Carte de la partie méridionale de l'archipel des îles Salomon. Deuxième feuille.   610

Numéros.

Carte de la partie méridionale des îles de Bougainville. — 611

Carte de la partie septentrionale des îles de Bougainville. — 612

Plan de la côte occidentale de l'île Bouka. Demi-feuille. — 613

Carte de la partie septentrionale de l'archipel de la Louisiade. Première feuille. — 614

Carte de la partie septentrionale de l'archipel de la Louisiade. Deuxième feuille. — 615

Carte de la partie sud-est de la Nouvelle-Guinée. — 616

Carte du détroit de Dampier. — 617

Carte de la partie septentrionale de la Nouvelle-Bretagne. — 618

Carte de la partie septentrionale de la Nouvelle-Guinée, depuis le cap Goede Hoop jusqu'au détroit de Dampier. — 619

Carte contenant partie de la Nouvelle-Islande, de la Nouvelle-Hanôvre et des îles de l'Amirauté. — 620

Plan du hâvre de Boni, ou Boni Soïné (île Waigiou). Demi-feuille. — 621

Carte générale de la partie du grand archipel d'Asie, reconnue par Dentrecasteaux. — 622

Carte particulière du grand archipel d'Asie. Première feuille. — 623

Carte particulière du grand archipel d'Asie. Deuxième feuille. — 624

Carte particulière du grand archipel d'Asie. Troisième feuille. — 625

Carte particulière du détroit de Boutoun. — 626

VOYAGE DE BAUDIN

AUX TERRES AUSTRALES.

Fait dans les années 1801, 1802, 1803 et 1804.
(Publié par M. L. de Freycinet en 1812.)

Carte générale de la Nouvelle-Hollande. — 627

Carte générale de la terre de Diémen. — 628

Carte générale de la côte orientale de la terre de Diémen. — *La même côte, d'après Tasman en 1642. — La même côte, d'après Furneaux en 1773. — Plan d'une partie de la rivière du Nord.* — 629

Numéros.

Carte particulière de la côte sud-est de la terre de Diémen. — *La même côte, par Tasman, en 1642; par Marion, en 1772; par Furneaux, en 1773; par Dentrecasteaux, en 1793; par Flinders, en 1798.*   630

Carte d'une partie de la côte orientale de la terre de Diémen. — *Carte d'Oyster-Bay et d'une partie des îles Maria, par le capitaine Cox, en 1798.*   631

Carte générale du détroit de Bass. — *Plan du port Dalrymple, d'après le capitaine Flinders, en 1798. — Plan d'une partie des îles Furneaux, d'après le capitaine Flinders, en 1798.*   632

Plan de l'île Maria à la terre de Diémen. — Plan de l'île King dans le détroit de Bass. Demi-feuille.   633

Carte des iles Hunter. — *Les mêmes îles, d'après la carte du capitaine Flinders, en 1798.*   634

Carte trigonométrique des îles Hunter.   635

Carte générale de la terre Napoléon (Nouvelle-Hollande).   636

Carte d'une partie de la terre Napoléon. Première feuille.   637

Esquisse du port Western, par M. Faure. — *Esquisse du port Western, par M. Bass.* Demi-feuille.   638

Carte d'une partie de la terre Napoléon. Deuxième feuille.   639

Carte d'une partie de la terre Napoléon. Troisième feuille.   640

Carte de l'île Decrès (Terre Napoléon).   641

Carte d'une partie de la terre Napoléon. Quatrième feuille.   642

Carte d'une partie de la terre Napoléon. — *Esquisse du port Champagny.* Cinquième feuille.   643

Carte d'une partie de la terre Napoléon. — *Plan des îles Joséphine et de la baie Murat.* Sixième feuille.   644

Plan du port du Roi George (Nouvelle-Hollande). — *Plan du même port, d'après Vancouver en 1791.* Demi-feuille.   645

Plan d'une partie de la terre de Nuyts. Demi-feuille.   646

Carte d'une partie des terres de Leuwin et d'Edels (Nouvelle-Hollande). — *Plan du port Leschenault.*   647

Carte de la terre d'Edels et d'une partie de celle d'Endracht (Nouvelle-Hollande). — *Quatre petits plans des Abrolhos, savoir: d'après une carte de Van-Keulen; d'après un plan de Van-Keulen; d'après une carte de Lootsman; d'après un plan du capitaine Daniel* en 1681.   648

Carte de la baie des Chiens-Marins (à la terre d'Endracht). —

Numéros.

Trois petits plans de la même baie, savoir : d'après les cartes hollandaises, en 1697; d'après Dampier, en 1699; d'après le capitaine Saint-Alouarn, en 1772. 649

Carte générale de la terre de Witt (Nouvelle-Hollande). — *Plan du détroit de Savu.* 650

Carte d'une partie de la terre de Witt. — *Esquisse de l'Archipel de Dampier. — Esquisse de l'île de Puch. — Esquisse de l'îlot des Tortues et du banc des Anphinomes.* Première feuille. 651

Carte d'une partie de la terre de Witt. — *Esquisse de la baie de Coupang. — Esquisse de la ville de Coupang. — Plan d'une partie de la terre de Witt.* Deuxième feuille. 652

Carte d'une partie de la terre de Witt. — *Esquisse des îles de l'Institut.* Troisième feuille. 653

Carte d'une partie de la terre de Witt. Quatrième feuille. 654

Plan du comté de Cumberland (Nouvelles-Galles du sud), d'après les cartes anglaises. — Plan du port Jackson, d'après le capitaine John Hunter. 655

Plan de la ville de Sydney. Demi-feuille. 656

Carte d'une partie du grand archipel d'Asie. Demi-feuille. 657

Carte particulière des détroits de Rottie et de Simao. Demi-feuille. 658

VOYAGE DE L'URANIE,

Fait dans les années 1817, 1818, 1819 et 1820, sous les ordres de M. L. de Freycinet.
(Publié en 1826.)

Carte de la baie des Chiens-Marins (Nouvelle-Hollande). Demi-feuille. 659

Carte d'une partie de l'île Timor et de quelques îles voisines. — *Carte du détroit de Bourou. — Esquisse de la ville de Coupang.* 660

Carte d'une partie du grand archipel d'Asie. — *Plan du port de l'île Guébé. — Plan du port de l'île Fohou.* 661

Carte d'une partie des îles des Papous. Demi-feuille. 662

Carte d'une partie de l'île Vaigiou (îles des Papous). 663

Numéros.

Plan de l'île et du mouillage de Rawak (îles des Papous). Demi-feuille. 664

Carte d'une partie des îles Carolines. — *Essai sur la géographie des îles Carolines en 1824. — Plan des îles Guliay, aux îles Carolines, d'après D. Luis de Torrès, en 1804. — Plan de Basse-Triste, d'après D. Felipe Tompson. — Plan des îles de la Passion, par le même auteur*. Demi-feuille. 665

Carte générale de l'archipel des îles Mariannes (partie méridionale). — Carte générale de l'archipel des îles Mariannes (partie septentrionale). 666

Carte générale de l'île Guam. 667

Carte particulière de l'île Guam. — *Plan de l'île Rota*. Première feuille. 668

Carte particulière de l'île Guam. Deuxième feuille. 669

Plan de la baie d'Umata (île de Guam). Demi-feuille. 670

Plan du port de San-Luis d'Apra (île de Guam). 671

Plan du hâvre de Tarofofo (ile de Guam). Demi-feuille. 672

Plan de la rade de Tinian. — Plan de l'île Guguan. — Plan du Farallon de Medinilla. — Plan du Farallon de Torès (aux îles Mariannes). Demi-feuille. 673

Plan de la rade de Kayakakoua, ile Owhyhi (îles Sandwich). Demi-feuille. 674

Plan de la baie de Kohaï-haï, ile Owhyhi (îles Sandwich). Demi-feuille. 675

Plan du port d'Onorourou (île Wahou). Demi-feuille. 676

Plan de la rade de Raheina, ile Mowi (îles Sandwich). — Plan de l'île Pylstaart (îles des Amis). — Plan de l'île Rose (îles des Navigateurs). Demi-feuille. 677

Carte de la partie de la Terre-de-Feu, reconnue par la corvette *l'Uranie* en 1820. — *Plan du hâvre Christmas, Cook, 1774. — Plan de la baie de Bon-Succès, Cook, 1760. — Plan de la baie Saint-François, d'après le capitaine d'Arquistade*, 1717. Demi-feuille. 678

Plan de la baie Française (à la partie orientale des îles Malouines). — *Plan de la baie Française, tiré du voyage de D. Pernetty*, 1764. 679

Plan du port Duperrey (baie Française). — Plan de l'anse Saint-Louis (baie Française). 680

VOYAGE DE LA COQUILLE,

Fait dans les années 1822, 1823, 1824 et 1825, sous les ordres de M. Duperrey.
(Publié en 1827)

Numéros.

Carte et plan des îlots de Martin-Vaz et de la Trinité (Océan atlantique méridional). Demi-feuille.   681

Carte de la baie de Payta. — *Carte de l'entrée de l'anse de Séchura* (Pérou).   682

Plan de l'île Clermont-Tonnerre. — Plan de l'île Narcisse. — Plan de l'île Moller (îles Pomotou). Demi-feuille.   683

Carte générale des îles Pomotou, situées à l'est des îles de la Société.   684

Plan du port de Papeiti. — Plan de la baie et de l'établissement de Matavae (île de Taïti). Demi-feuille.   685

Plan de l'île Borabora (île de la Société). Demi-feuille.   686

Plan du port de l'île Borabora. Demi-feuille.   687

Plan de l'île Maupiti (île de la Société). Demi-feuille.   688

Carte des îles de la Société.   689

Carte des îles situées au sud et à l'ouest des îles de la Société. Demi-feuille.   690

Plan de l'île Bouka. Demi-feuille.   691

Plan du port Praslin (Nouvelle-Irlande).   692

Plan du canal Saint-George. — *Port-Hunter, île du duc d'Yorck.*   693

Cartes des îles découvertes en 1616 par G. Schouten. Demi-feuille.   694

Plan du hâvre Offak (île Waigiou).   695

Plan de la partie septentrionale de la baie Chabrol. — Plan des ports Duperrey et Durville (île Waigiou). Demi-feuille.   696

Carte d'une partie des îles des Papous, au nord-ouest de la Nouvelle-Guinée.   697

Carte du détroit de Guébé. Demi-feuille.   698

Carte du détroit d'Ombai. Demi-feuille.   699

	Numéros.
Carte des îles Savu. Demi-feuille.	700
Carte de la baie des Iles (Nouvelle-Zéelande).	701
Plan du port Manawa (baie des Iles à la Nouvelle-Zéelande).	702
Plan de l'île Saint-Augustin de Maurelle. — Plan de la partie méridionale de l'île Rotouma. Demi-feuille.	703
Carte des îles Bishop (archipel des îles Gilbert). Demi-feuille.	704
Carte de l'île Hall. — Carte des îles Woodle et Henderville (archipel des îles Gilbert). Demi-feuille.	705
Carte des îles Charlotte (archipel des îles Gilbert). — Carte des îles Mulgrave (archipel des îles Marshall). Demi-feuille.	706
Carte des îles Bonham (archipel des îles Marshall). Demi-feuille.	707
Carte de l'archipel des îles Gilbert et de la partie méridionale des îles Marshall. Demi-feuille.	708
Carte de l'île Oualan.	79
Carte du hâvre de la Coquille (île Oualan).	710
Plan du hâvre Chabrol. — Plan du port Lottin (île Oualan). Demi-feuille.	711
Plan des îles Mac Askill. — Plan des îles Duperrey (archipel des îles Carolines). Demi-feuille.	712
Carte des îles Hogoleu (archipel des îles Carolines).	713
Plan des îles Tamatam, Fanadik et Ollap. — Plan de l'île Bigali. — Plan de l'île Satahoual (archipel des îles Carolines). Demi-feuille.	714
Carte de l'archipel des îles Carolines.	715
Plan de la baie de Doreri (Nouvelle-Guinée).	716
Carte de la côte de la Nouvelle-Guinée, au sud du hâvre de Doreri.	717
Carte de la côte de la Nouvelle-Guinée, depuis le hâvre de Doreri jusqu'aux îles Mispalu.	718
Carte du détroit de Wangi-Wangi.	719
Plan du mouillage de l'île de Sainte-Hélène. Demi-feuille.	720
Plan de l'île de l'Ascension. Demi-feuille.	721
Plan du mouillage de Sandy-Bay (île de l'Ascension). Demi-feuille.	722
Carte d'une partie de la côte du Brésil, comprise entre le Rio-Guaratuba et la Laguna de Gurupaba. — Plan de l'île Santa-Catharina. Demi-feuille.	723
Plan du port de Valparaiso (côte du Chili). Demi-feuille.	724

Numéros.

Carte des îles Gallapagos.— Plan de la baie Albany (îles James).
— Plan du mouillage de l'île Hood (Gallapagos). — Plan
de la baie Salango (Colombie). — Plan du mouillage de
Tacames (Colombie). — Plan du banc de la Perle, situé
par 27° 48′ de latitude septentrionale et 178° 46′ de longitude occidentale. Demi-feuille. 725

Plan de la rivière Brisbane (Nouvelle-Hollande). ... 726

Plan du hâvre Macquarie (terre de Van-Diémen). ... 727

Carte de la côte méridionale de l'île de Tawaï-Poénammou (Nouvelle-Zéelande). — Plan du hâvre Chalky (île Tawaï-Poénammou). — Carte de l'île Ika-Na-Mawi (Nouvelle-Zéelande). Demi-feuille. 728

Plan de la rivière Shooukianga (île Ika-Na-Mawi). Demi-feuille. 729

VOYAGE DE L'ASTROLABE,

Fait dans les années 1826, 1827, 1828 et 1829, sous les ordres de M. Dumont D'Urville.
(Publié en 1833.)

Carte générale de l'Océan Pacifique. 738

Carte des îles Salvages. — Carte d'une partie des îles de May et
San-Yago. — Carte de l'île de la Trinité. 739

Plan du port du Roi Georges, sur la côte occidentale de la Nouvelle-Hollande. 740

Plan du hâvre de la Princesse Royale, port du Roi Georges.
Demi-feuille. 741

Plan de l'entrée du hâvre de la Princesse Royale, port du Roi
Georges. Demi-feuille. 742

Plan du port Western, à la côte sud de la Nouvelle-Hollande. 743

Carte d'une partie du détroit de Bass. — Carte d'une partie de
la côte de New-South-Wales. — Autre carte d'une partie
de la côte de New-South-Wales, Nouvelle-Hollande. Demi-
feuille. 744

Plan de la baie Jervis, Nouvelle-Hollande, côte orientale. Demi-
feuille. 745

— 99 —

Numéros.

Carte générale de la partie de la Nouvelle-Zélande reconnue par *l'Astrolabe*.   746

Carte de la partie septentrionale de la côte occidentale de Tavaï-Pounamou, Nouvelle-Zélande. Demi-feuille.   747

Carte particulière du détroit de Cook, Nouvelle-Zélande.   748

Carte particulière de la baie de Tasman, île Tavaï-Pounamou, Nouvelle-Zélande.   749

Plan de l'anse des Torrens, baie de Tasman, détroit de Cook. Demi-feuille.   750

Plan de l'anse de l'Astrolabe, dans la baie de Tasman, détroit de Cook. Demi-feuille.   751

Plan du bassin des Courans, détroit de Cook. Demi-feuille.   752

Carte particulière de la partie sud-est de l'île Ika-na-mawi, Nouvelle-Zélande. Demi-feuille.   753

Carte de la partie orientale de l'île Ika-na-mawi, Nouvelle-Zélande.   754

Carte particulière de la baie Shouraki et du canal de l'Astrolabe, île Ika-na-mawi, Nouvelle-Zélande.   755

Plan de la baie Houa-houa. — Plan de la baie Wangari, île Ika-na-mawi. Demi-feuille.   756

Carte particulière du canal de l'Astrolabe, île Ika-na-mawi, Nouvelle-Zélande. Demi-feuille.   757

Carte particulière de la partie nord de l'île Ika-na-mawi, Nouvelle-Zélande.   758

Plan de l'île Tonga-Tabou. Demi-feuille.   759

Carte de l'archipel des îles Viti.   760

Carte des îles Loyalty.   761

Plan de l'extrémité nord du récif de Dentrecasteaux, au nord de la Nouvelle-Calédonie. — Carte d'une partie de l'île Rossel, Louisiade. — Plan des îles Laughlan. Demi-feuille.   762

Plan du hâvre Carteret sur la côte occidentale de la Nouvelle-Irlande. Demi-feuille.   763

Carte de la Nouvelle-Bretagne.   764

Carte générale de la côte septentrionale de la Nouvelle-Guinée.   765

Carte particulière de la Nouvelle-Guinée. Trois feuilles.   766, 767 et 768

Routes de *l'Astrolabe*, près des îles Vanikoro. Demi-feuille.   769

Plan des îles Vanikoro ou de la Pérouse.   770

Plan de la baie Tevai, îles Vanikoro. Demi-feuille.   771

	Numéros.
Plan de la baie Manevai, iles Vanikoro. Demi-feuille.	772
Carte et vue du volcan Mathew. — Carte de l'ile Gouap. — Carte des iles Goulou, Carolines occidentales. — Carte de la partie orientale des iles Pelew. — Routes de *l'Astrolabe* au travers des Carolines.	773
Carte des îles Hogoleu, archipel des Carolines. Demi-feuille.	774
Carte du groupe d'Élivi, archipel des Carolines. — Carte des iles Aïou et Asia, îles des Papous. Demi-feuille.	775
Routes de *l'Astrolabe* aux travers des iles Moluques. Deux demi-feuilles.	776 et 777
Carte de la partie septentrionale de l'île Célèbes. Demi-feuille.	778
Plan de la baie de Manado, ile Célèbes. Demi-feuille.	779

VOYAGE DE LA FAVORITE,

Fait dans les années 1830, 1831 et 1832, sous les ordres de M. Laplace.
(Publié en 1834).

Carte de l'archipel des Seychelles (mer des Indes). — Plan du mouillage de Sainte-Anne (archipel des Seychelles).	807
Carte d'une partie de la côte de Cochinchine. Deux feuilles.	808 et 809
Croquis du mouillage du cap Boung Quioua (côte du Tonkin). Demi-feuille.	810
Plan de la baie de Tourane (côte de Cochinchine).	811
Carte de l'archipel des Natunas (mer de Chine).	812
Carte particulière de la partie sud-ouest des Natunas et du canal Laplace.	813
Carte de l'archipel des Anambas (mer de Chine).	814
Carte de la baie Tupinier (archipel des Anambas).	815
Plan de la rivière Kawa-Kawa (Nouvelle-Zéelande, baie des Iles).	816

VOYAGE DE LA THÉTIS

ET

DE L'ESPÉRANCE,

Fait dans les années 1824, 1825 et 1826, sous les ordres de M. le baron de Bougainville.
(Publié en 1837.)

Numéros.

Carte de la partie de la mer de Chine, reconnue par la *Thétis*
et *l'Espérance*. — Carte de la partie septentrionale de
l'Atol Suadiva (îles Maldives). — Carte d'une partie des
îles Kangelang, Longue, Urck et Lombock. Demi-feuille. — 855

Carte d'une partie des Anambas. Demi-feuille. — 856

Plan du port Clermont-Tonnerre, situé à la partie nord-est des
îles Anambas. Demi-feuille. — 857

Plan du détroit de Madura depuis la pointe Panka jusqu'à l'embouchure de la rivière de Sourabaya. Demi-feuille. — 858

Plan de la baie de Peejow, située à la partie orientale de l'île
Lombock. Demi-feuille. — 859

Plan du port Jackson. Demi-feuille. — 860

Deux demi-feuilles de vues de diverses parties de côtes de la
mer des Indes et de la mer de Chine, ainsi que de la ville
Sidney et de l'entrée de la baie de Rio-Janeiro. — 861 et 862

9 782329 755489